M BO OK S

Mensa am Park

— Vom Gebrauchen und Verbrauchen jüngster Architektur

Moritz Fritz

Als

am 10. September 2008 die Bagger den bescheidenen Ziegelanbau am so genannten Brendelschen Atelier auf dem heutigen Campus der Bauhaus-Universität Weimar einrissen, war wohl den wenigsten bewusst, dass es sich bei dem Gebäudeteil um die erste bauliche Hinterlassenschaft des Bauhauses überhaupt handelte — und zwar um die Küche der ehemaligen Bauhaus-Kantine.

Dem

Bauwerk war seine ursprüngliche Entstehungszeit und Funktion, bedingt durch verschiedene Nutzungsänderungen, nicht mehr anzusehen. Errichtet wurde der kleine Küchenanbau bereits kurz nach der Gründung des Bauhauses mithilfe von Spenden eines Berliner Geschäftsmannes. Nach der feierlichen Eröffnung am 6. Oktober 1919 bekam hier jeder Bauhäusler für 1,50 Mark sein warmes Mittagessen.

Brendelsches Atelier, 2008

Ohne

im Nachhinein eine Debatte über die Erhaltenswürdigkeit dieses spartanischen Annexes führen zu wollen, zeigt das Beispiel doch eins: Nur was in seinen Werten bekannt ist, kann auch in seiner Bedeutung verstanden und so vor dem Verschwinden bewahrt werden. Ausgehend von dieser Überlegung begann vor fast vier Jahren die bis heute andauernde Beschäftigung mit der Mensa am Park.

Das

allgemeine Wissen um die Weimarer Mensa war gering, als im Herbst 2009 bekannt wurde, dass das Gebäude — der einstige Stolz der Hochschule für Architektur und Bauwesen in der DDR — einem möglichen Neubau für das Bauhaus-Museum weichen solle. Ein Abriss wäre zugunsten eines strahlenden Neubaus durch die Öffentlichkeit billigend in Kauf genommen worden. Und das vor allem, weil die Entstehungsumstände und die damit zusammenhängende Bedeutung des erst 1982 eröffneten Baus in Vergessenheit geraten waren.

Mit

der Absicht, durch eine öffentliche Diskussion eine Wahrnehmungsveränderung dieser vernachlässigten Architektur herbeizuführen, startete zum Jahresbeginn 2010 die Internetseite www.mensadebatte.de. Ziel war es, eine möglichst breite Öffentlichkeit von der historischen, gesellschaftlichen und architektonischen Bedeutung der Mensa am Park zu überzeugen. Und so einem möglichen Abriss frühzeitig entgegenzuwirken.

Mit

dem Erreichen dieses Ziels binnen drei Wochen wurde die Mensadebatte eine gern zitierte Erhaltungsinitiative. Doch es war klar, dass dieser schnelle Erfolg keinen dauerhaften Schutz für die Mensa am Park bedeuten würde. Die Beschäftigung mit dem Bau wurde daher ausgeweitet und im universitären Rahmen fortgeführt; die Ergebnisse dieser Arbeit öffentlich vorgestellt. Im April 2011 folgte schließlich die Eintragung in das Denkmalbuch der Stadt Weimar. Doch ist dieser verwaltungstechnische Akt in der Lage, einen Schlussstrich unter die Diskussion um die Mensa am Park zu ziehen?

Wir

denken: Nein. Denn die Mensadebatte umfasst Facetten, die mit dem Vokabular des Denkmalschutzes allein nicht zu thematisieren sind. Viel grundsätzlicher muss die Frage gestellt werden, wie wir als Gesellschaft mit Gebäuden umgehen, die nach einer Nutzungsdauer von 30 Jahren sanierungsbedürftig geworden sind. Kann ein überkommener Architekturstil oder der schlichte Wunsch nach etwas Neuem einen Abriss rechtfertigen? In Zeiten von Nachhaltigkeitsdebatten und der Suche nach Antworten auf die globale Ressourcen-Frage liegt die Antwort auf der Hand. Die gelebte Praxis aber, angetrieben durch kurzfristige Renditeerwartungen oder das Verlangen nach Prestige, ist noch weit davon entfernt; Gebäude sind vor diesem Hintergrund zu einem Einwegprodukt verkommen. Wir müssen uns daher an dieser Stelle fragen: Wollen wir Architektur gebrauchen oder verbrauchen?

Moritz Fritz

Ein

behutsamer Umgang mit vorhandener Bausubstanz beginnt mit einer differenzierten Wahrnehmung unserer baulichen Umwelt. Wir sollten in der Lage sein, architektonische Werte und Qualitäten trotz Patina, Nutzungsspuren und Reparaturbedarf erkennen zu können und die Akzeptanz für das ehemals Neue und nun scheinbar Unmodische stetig zu erneuern. Die Sanierung beginnt mit der gedanklichen Rehabilitation des Bauwerks und seiner Aufnahme in unseren positiven Wahrnehmungsschatz.

Dieser

Prozess der imaginären Wiedereingliederung geächteter Architektur soll am Beispiel der Mensa am Park mithilfe dieses Buches beschritten werden. Texte, Zeichnungen und Fotografien beschreiben dabei den Ist-Zustand und dokumentieren Situationen, die bei einer Sanierung verloren gehen könnten. Gegenübergestellt werden dieser zeitgenössischen Beobachtung Fotografien aus der Bauzeit sowie Interviews und Erlebnisberichte von am Bau Beteiligten. Die Summe dieser Blickwinkel macht klar, dass die Zukunft der Mensa am Park weder darin liegt, einen vermeintlich ursprünglichen Zustand wiederherzustellen, noch darin, eine neue architektonische Wahrheit zu schaffen. Der Status quo birgt eine eigene Qualität in sich.

Proaktive Denkmalpflege

Dieses

Buch erscheint jetzt, weil sich die Zukunft der Mensa, wie auch schon im Januar 2010, an einem Scheideweg befindet. Denn entscheidend für eine denkmalgerechte und darüber hinaus zukunftsweisende Sanierung, sind die Voruntersuchungen des Bestands, die kurzfristig in Angriff genommen werden sollten.

Als

Planungsgrundlage wird eine Zielsetzung notwendig sein, die weit über die bislang vorliegenden Dokumente hinausgeht. Denn nur, wenn die Mensa am Park in der Gesamtheit ihrer Werte verstanden wurde, kann sie auch in diesen bewahrt werden. Durch eine unabhängige wissenschaftliche Untersuchung im Vorfeld der konkreten Planungsphase sind Pflege- und Reparaturmaßnahmen festzustellen sowie entsprechende Lösungsmöglichkeiten zu empfehlen. Und das immer mit dem Ziel vor Augen: dort wo ein Bauteil repariert werden kann, braucht dieses nicht ersetzt zu werden. Wobei diese Handlungsweise nicht aus einer denkmalpflegerischen Verpflichtung heraus Anwendung finden sollte, sondern aus der Überzeugung für eine alternative Haltung nachhaltiger Baukultur.

Dabei

sind Planer wie Denkmalpfleger gleichermaßen gefragt, sich nicht verführen zu lassen, Bauteile aus Bequemlichkeit auszutauschen oder Trends und Wünschen der Nutzerschaft leichtgläubig zu folgen, sondern die konstruktive Auseinandersetzung zu suchen und für die Erhaltung der originären Werte unter Einsatz innovativer Instrumente einzutreten.

Dieser

Weg wird nur möglich sein, wenn alle Beteiligten von der Notwendigkeit dieses engagierten Vorgehens überzeugt sind und sich über das normale Maß hinaus dafür einsetzen. So betrachtet, birgt ein „Modellprojekt Mensa am Park" einen großen Gewinn für alle Beteiligten:

—

Die Erfahrungen mit Baudenkmalen aus den 1970er und 80er Jahren sind äußerst gering. Entsprechende Reparaturmöglichkeiten müssen erst erarbeitet werden. Eine Sanierungsmaßnahme wäre somit ein Modellprojekt. Die gefundenen Lösungsansätze können über den Fall der Mensa hinaus bei Bauten der Nachkriegszeit Anwendung finden.

—

Die Mensa am Park bietet dank ungenutzter Flächen Spielraum für ein integratives Nutzungskonzept. Außerhalb des engen Korsetts der Kennzahlen für Versorgungseinrichtungen können damit zusätzliche Nutzungsbausteine in der Mensa angesiedelt werden.

—

Die wissenschaftliche Begleitung und Evaluierung des Vorhabens kann auf hohem fachlichem Niveau durch entsprechende Professuren der Bauhaus-Universität Weimar geleistet werden. Das Projekt würde zu einem Baustein einer zukunftsweisenden Architekturausbildung werden; die Sanierung der Mensa am Park konsequenterweise durch die Nachfolgeinstitution der Hochschule für Architektur und Bauwesen planerisch betreut.

Und

so stellt sich bei Betrachtung dieser Rahmenbedingungen oder spätestens nach der Lektüre dieses Buches eigentlich nicht die Frage, ob die Sanierung der Mensa am Park ein Pilotprojekt werden kann, sondern vielmehr, wann es beginnt. Die Vorraussetzungen dafür sind gegeben, die Verantwortlichen hiermit in die Pflicht genommen.

Die Mensa debatte

Ein Experiment

Arne Winkelmann

Erhaltungsinitiativen,

die sich für die Rettung von denkmalwürdigen Gebäuden einsetzen, hatten in den letzten Jahren einige Erfolge zu verzeichnen. Durch sie konnten der Plenarsaal des Niedersächsischen Landtags in Hannover, die Bonner Beethovenhalle, die Oper und das Schauspiel in Köln sowie einige andere Bauwerke vor dem Abriss bewahrt werden. Bauwerke, die zum Teil schon unter Denkmalschutz standen, aber durch Ersatzbauten gefährdet wurden, deren Entwürfe durch Architekturwettbewerbe ermittelt worden waren. Diesen Erhaltungsinitiativen ist ein Gespür für architektonische Qualität und für den Stellenwert eines Bauwerks in seiner Epoche gemein. Als Fachleute haben sie dies der breiten Öffentlichkeit voraus und müssen dementsprechend für die zu erhaltenden Gebäude werben und über ihre Bedeutung aufklären.

Im Januar 2010 haben sich in Weimar unter dem Namen „Mensadebatte" vier Assistenten und Studierende zusammengetan, um über den Abriss der Mensa am Park und den Bau eines Bauhaus-Museums an ihrer statt zu diskutieren. Damit unterscheidet sich diese Initiative von den anderen Interessengemeinschaften, weil sie nicht von Anfang an die Unterschutzstellung der Mensa forciert hat, sondern eine grundlegende Debatte — daher auch der Name „Mensadebatte" und nicht etwa „Bürgerinitiative Mensa" — darüber in Gang bringen wollte, ob ein Abriss vernünftig sein und vor allem, ob das in diesem Kontext praktizierte Verfahren der Entscheidungsfindung demokratisch und transparent genannt werden kann. Hier galt es nicht, ein unbekanntes Bauwerk eines allgemein bekannten Architekten zu retten, sondern zu fragen, warum prinzipiell keine Bewertung und Einschätzung der Mensa stattgefunden hat, weder hinsichtlich ihrer Bedeutung als Sonderbau in einem Bauwesen, das von Typisierung und Normierung geprägt war, noch bezüglich ihrer Gebäudesubstanz und damit der Wirtschaftlichkeit eines Abrisses, noch mit Blick auf ihre Funktionalität oder ihre baulich-räumlichen Qualitäten.

Ein Verdienst der Mensadebatte bestand oder besteht zunächst darin, eine demokratische Legitimation dieses Projekts einzufordern und mehr Transparenz in Entscheidungsabläufe der Bauhaus-Universität Weimar bzw. des Thüringer Studentenwerks zu bringen. Noch bevor mit ersten Beschlüssen Fakten geschaffen wurden, konnten die Initiatoren erfolgreich intervenieren und die Abfolge üblicher administrativer Entscheidungen stoppen. Hier wurde eine Öffentlichkeit geschaffen, die verhinderte, dass in kleinen Gremien Prozesse so weit vorangetrieben wurden, dass eine Umkehr als unmöglich dargestellt werden konnte. Zwar ließ sich das Ansinnen, ein Bauhaus-Museum räumlich eng an die Universität zu binden, nachvollziehen, jedoch nicht die unzureichenden Planungen für den Ersatzbau der Mensa.

Hervorzuheben

ist auch, dass die Initiatoren mit ihrer Erhaltungsinitiative keine emotionalen Befindlichkeiten bedienen und keinem „ostdeutschen" Revisionismus zuarbeiten wollten. Bei einem öffentlichen Sonderbau stellt dies eine schwierige Gratwanderung dar.

Öffentliche

Bauten der DDR werden mittlerweile als städtebauliche „Verfügungsmasse" erachtet, die offenbar frei disponiert werden kann: In Berlin fielen beispielsweise der Palast der Republik, das Hotel „Unter den Linden" und das „Ahornblatt" der Abrissbirne zum Opfer, in Leipzig das Hauptgebäude der Universität und die Brühlbebauung, in Dresden der „Fresswürfel" und das Centrum-Warenhaus, in Halle das „Ufo" und das Thälmann-Denkmal... Die Liste ist lang — noch länger diejenige der Umgestaltung und Überformung von Gebäuden. Die hinter diesen Abbrüchen stehende Haltung ließe sich zugespitzt als Ikonoklasmus bezeichnen, als Versuch, die Bauten der DDR zu tilgen und ihre Bedeutung zu negieren. Den Gegnern solcher Abrisse haftet wiederum das Stigma von „Ostalgie" und Geschichtsverklärung an. Für die Erhaltung von Bauten der sozialistischen Moderne zu werben, scheint ohne politische Implikationen kaum möglich; sich für sie einzusetzen, erweist sich ungleich schwerer als bei Bauwerken im Westen Deutschlands.

Die

Leistung der Initiative Mensadebatte besteht darin, diese Auseinandersetzung jenseits von DDR-spezifischem Sentiment und auf einer anderen Ebene geführt zu haben, die auch andere bedrohte Bauten betrifft: Kann der Abriss eines nicht einmal 30 Jahre alten Bauwerks einen nachhaltigen Umgang mit der baulich-räumlichen Umwelt darstellen? Ist es ökonomisch vertretbar, ein funktionierendes, nicht einmal baufälliges, sondern vollständig intaktes Gebäudes abzutragen, ohne Alternativen untersucht zu haben? Kann ein Bauwerk, wenn es seine ästhetische Halbwertzeit überschritten hat, zum Abriss freigegeben werden? Kann sich eine Gesellschaft diese Verschwendung von grauer Energie leisten? Sollten Gebäude nicht längerfristiger erhalten und genutzt werden, um Ressourcen zu schonen? Unter ökologischen Gesichtspunkten ist es sicherlich sinnvoll, die vorhandene Substanz zu bewahren und den materiellen Aufwand von Ersatzbauten zu vermeiden.

Diese

Fragen zu stellen und zu diskutieren, sollte Schule machen und neben den denkmalpflegerischen Aspekten in die Erhaltungsdebatten eingebracht werden.

Darüber

hinaus bietet sich in Weimar die Chance, ein über die Stadt hinausreichendes Positivbeispiel der Instandsetzung zu liefern. Da nun die Mensa am Park als Denkmal erhalten ist, kommt es darauf an, sie behutsam zu „ertüchtigen" und ihrer individuellen Gestaltung mit den nötigen Sanierungsmaßnahmen gerecht zu werden. Die Mensadebatte hat mit ihrer Aufklärungsarbeit, der Mensa-Ausstellung und dem nun vorliegenden Buch die Wahrnehmung für das Gebäude geschärft und wird, so ist es allen Beteiligten zu wünschen, die Renovierung kritisch, aber konstruktiv begleiten.

Für die nächste Generation gebaut

**Oder was die Mensa am Park sein kann
— Ein Plädoyer**

Florian Kirfel

Wer

den berühmten Park an der Ilm in Weimar durchquert, kommt am westlichen Rand in ein eigentümliches Areal, das ganz anders ist als die sonst so weitläufige, von Blickachsen durchzogene Ideallandschaft der Klassiker: Auf einmal verdichten sich die Bäume, das Unterholz wird undurchdringlich und es offenbart sich eine erstaunliche Ansammlung von Bauwerken, die mit diesem Grün wohl notdürftig verhüllt werden sollen. Ein Parkbesucher, nachdem er die künstliche Burgruine von der echten Ruine des Ateliers von Johannes Itten direkt daneben unterscheiden gelernt hat, der sich über den so unnachahmlich mitten im Park ausgebreiteten sowjetischen Ehrenfriedhof informiert hat und der nicht durch den „U-Bahn-Schacht" zur Parkhöhle hinabgestiegen ist, sondern stattdessen durch das dichteste Gebüsch schreitet, steht mit einem Mal vor der Mensa am Park. Die Bäume spiegeln sich in den großen Glasfronten über dem zurückgenommenen Erdgeschoss. Auf der Terrasse herrscht lebendiger Betrieb, so ganz anders als im arkadischen Park. Dieser und die Mensa dürfen aber offensichtlich nicht zusammengehören. Ähnlich wie der Park mit Gebüsch anscheinend vor der Mensa geschützt werden muss, so hält die Mensa mit deutlichen Hinweisen an den Eingängen alle ab, die nicht Hochschulangehörige sind. Heißt es darum auch nicht Mensa IM Park? Was würden Park und Mensa gewinnen, wenn die Sicht freigeschnitten, die Zugänge freigegeben würden?

Die **Alltag stiftet Identität, macht aber auch unsichtbar**

Vorgänge, die dazu führten, dass die Mensa beinahe tatsächlich verschwunden wäre, lohnen eine nähere Beschäftigung, weil sie ein Muster aufdecken, das viel über den Umgang mit gebrauchter Alltagsarchitektur verrät und unser Verhältnis zum Gebrauch von Architektur und vor allem zu ihrer Dauerhaftigkeit besonders gut erklären kann.

Eine

Mensa ist das Herz des sozialen Lebens einer Universität, sie ist ein Ort, der zwischen Mittagstisch und Festsaal schwankt, im Alltag hochfrequentiert wird und den Raum für relativ hierarchiefreie Veranstaltungen der Universität bietet. Die Mensa am Park wurde immer schon als ein solcher Ort wahrgenommen und war deswegen auch schon immer eine Projektionsfläche, eine Stätte der Repräsentation, aber auch des Protestes. Die Geschichte der Mensa ist nicht harmonisch. Besonders tragisch ist das Kapitel jener sechs jungen Weimarer, die im Oktober 1983 an die gerade erst eröffnete Mensa, den ganzen Stolz der Hochschule für Architektur und Bauwesen (HAB), schrieben „Seid realistisch — fordert das Unmögliche!" und dafür zu Haftstrafen verurteilt wurden. Nur wenige Jahre später wurde in der Mensa die erste demokratisch verfasste Grundordnung der HAB verabschiedet und wiederum einige Jahre darauf wurde hier die HAB in Bauhaus-Universität umgetauft.

Spätestens

seit ihrer feierlichen Eröffnung haben Generationen von Studierenden und Hochschulmitarbeitern über ihre Studienjahre hinweg täglich von der entgegengesetzten Seite des Parkes, von den Hochschulgebäuden aus, die Mensa betreten. Am Anfang, um sie zu planen und um sie tatsächlich selbst zu bauen, danach, um dort das zu tun, wozu eine Mensa gedacht ist: Gemeinsam zu Tisch zu sitzen, zu essen, die Pausen zu verbringen, zu feiern. Sie haben sich die Mensa angeeignet, sich mit ihr identifiziert. Mit der Aneignung geht immer auch das Selbstverständlichwerden einher. Etwas, das jeden Tag für so etwas Selbstverständliches genutzt wird wie das Mittagessen, ist irgendwann derart präsent, dass seine Existenz gar nicht mehr in Frage gestellt und so auf gewisse Weise unsichtbar wird. Es wird erst dann wieder sichtbar, wenn es in seiner Existenz bedroht wird, zuweilen sogar erst, wenn es (fast) zu spät ist. Genau dazu ist es im Fall der Mensa am Park in Weimar gekommen.

Graffito neben dem Parkausgang
Fotografie aus der Stasi-Akte, Oktober 1983

Für die nächste Generation gebaut

Florian Kirfel

Mensen

sind Gebäude des Alltages. Deswegen eignen sie sich gut für Betrachtungen über unseren unbewussten Umgang mit Architektur. Sie sind nicht durch eine Aura herausgehoben wie zum Beispiel Museen oder Kirchen. Eine Mensa wird weniger besucht und besichtigt, sondern als ein Gebrauchsgegenstand wortwörtlich begriffen und benutzt. Mensen sind häufig nicht besonders beachtete Hochleistungsarchitekturen der jüngeren Bauvergangenheit: Große Räume (meistens die größten, die eine Hochschule zu bieten hat), extreme Nutzungslasten (mit einem Tagesablauf, bei dem sich alles auf zwei bis drei Mittagsstunden konzentriert) und ein Publikum, das das Haus tatsächlich annimmt, wie sonst nur eine Wohnung oder einen Arbeitsplatz. Dazu sind Mensen meistens in öffentlichem Eigentum, betrieben von chronisch unterfinanzierten öffentlichen Anstalten, die scharf kalkulieren müssen und für den Gebäudeunterhalt nur das Nötigste tun können.

Eine

Hochschulmensa ist ein architektonischer Typus, der besonders anfällig für einen schwer fassbaren Abnutzungsprozess ist, dem besonders die Alltagsarchitektur der öffentlichen Bauten unterliegt: Die schleichende Ent-

Der Park spiegelt sich in der Südfassade der Mensa

wertung. Dahinter verbirgt sich ein Umgang mit Architektur als Einwegprodukt oder Modeartikel und nicht, wie es angesichts der substanziellen Werte angemessen wäre, als Gegenstand von Generationenverantwortung, als öffentliches Eigentum. All dies war zu beobachten, als 2009 offiziell der Abbruch der Mensa in Weimar geplant wurde. Das unscheinbare, vermeintlich heruntergekommene Gebäude sollte etwas Glamouröserem Platz machen. Und zwar ausgerechnet einem Neuen Bauhaus-Museum, wo doch das Bauhaus die Gestaltung von Alltagsgegenständen in den Mittelpunkt seiner Lehre stellte und sich die Entwürfe für die Mensa so deutlich die Arbeiten der Bauhäusler zum Vorbild nahmen.

Die Mensa am Park ist bis heute ein gebauter Kompromiss aus Wunsch und Machbarkeit. Ihre Architekten zur DDR-Zeit strebten kaum verhüllt nach Formen der Internationalen Moderne. Wenn es nach ihm gegangen wäre, hätte es „noch mehr Mies van der Rohe" sein können, sagt der ehemalige Oberbauleiter heute. Tatsächlich zieht sich das Bild vom großen, sich elegant im Grünen ausbreitenden Hochschulgebäude durch alle Entwürfe. Was dann gebaut wurde, ist das Ergebnis von Mühen in einer Welt aus Planzielen und Pragmatismus, Mangelwirtschaft und real existierendem Sozialismus, aber auch aus kleinmütigen Einwänden der Parkverwaltung, die übrigens bis heute noch nicht ganz ausgeräumt sind.

Trotz aller Schwierigkeiten kann man das Bestreben der Erbauer deutlich erkennen, mitten in der DDR der Weimarer Architekturschule zu einem der raren, individuell entworfenen Gebäude zu verhelfen. Die unzähligen formalen Kompromisse und Bricolagen schmälern den Wert der Mensa als kunstgeschichtliches Zeugnis aber keineswegs, eher im Gegenteil. Und der grundsätzliche Entwurf beweist sich bis heute in einem soliden, funktionsfähigen Gebäude, das überraschend großzügig und transparent ist und das außerordentlich sorgfältig und sensibel an die Parkkante gestellt wurde. Es lohnt sich, darüber nachzudenken, wie dieses besondere Architekturdenkmal so instand gesetzt werden kann, dass es öffentlich sichtbarer wird.

Schleichende Entwertung

Die Kraft aller Architektur ist begrenzt. Bauwerke sind erstaunlich wenig resistent gegenüber mangelhafter Unterhaltung. Ihre Qualitäten müssen ständig gepflegt und erhalten werden, sonst werden sie unweigerlich reduziert. Vor allem können viele kleine, nicht auf einander abgestimmte Veränderungen zu großen Verlusten kumulieren. Die Nutzung wird zur Abnutzung, die Nutzungsspuren sind keine schmeichelnde Patina mehr, sondern ein Substanzverlust. Aus der gebrauchten Architektur wird eine verbrauchte Ressource.

Die Widerstandsfähigkeit eines Gebäudes gegenüber dieser Alltagserosion ist ein Qualitätsmerkmal; absolute Resistenz gibt es aber wohl kaum. Die Mensa am Park ist sicherlich ein widerstandsfähiges Gebäude,

Florian Kirfel

Die gestufte Westfassade war eine
Reaktion auf den Kontext

Florian Kirfel

dessen ursprüngliche architektonische Absicht immer noch ohne besonderen Vermittlungsaufwand erlebbar ist. Aber ein Blick auf die Fotografien des Oberbauleiters Peter Groß von 1982 zeigt, was schon alles verloren ist: Die Möblierung ist verschwunden — sie war auch nicht so bequem. Vom ursprünglichen Farbkonzept im Innenraum ist nichts mehr zu sehen — die Farben erinnerten zu stark an die Mode der Entstehungsjahre. Den Blick in den Park verstellt nun ein Lift — keiner wird ernsthaft etwas gegen Barrierefreiheit einwenden. Die spiegelnden Decken wurden matt übermalt — sie waren einfach zu vergilbt, denn in der Mensa wurde bis vor nicht allzu langer Zeit noch kräftig geraucht. Die Leuchten in den Treppenhäusern reichen nicht mehr bis zum Boden — nun kann sie keiner mehr beschädigen oder sich an ihnen verletzen. Neue Getränkekühlschränke stehen vor den Glastrennwänden — heute wird Mineralwasser getrunken und der Verkauf ist ein gutes Geschäft. Schilder, Hinweistafeln verwandeln Oberflächen und Raumfluchten in einen Dschungel aus Schriften — aber die Feuerwehr möchte die Brandmeldernummern lesen und die Studenten sollen das Mittagsangebot schon am Eingang studieren können.

Der große Speisesaal mit der ursprünglichen Möblierung

So

geht es endlos weiter: Es ist ein nie abreißender Strom von Veränderungen und Kleinumbauten, die für sich genommen alle zu rechtfertigen sind und immer mit den besten Absichten geschehen. Nie folgen sie aber einem langfristigen Plan, sondern fast immer nur der Not, ein alltägliches Problem möglichst unaufwändig zu lösen.

Das

eigentliche Problem an der schleichenden Entwertung ist aber viel weniger ihr tatsächliches Zerstörungswerk (das lässt sich meist reparieren), sondern dass sie den Boden für viel gravierendere Entscheidungen vorbereitet. An einem gut und mit Liebe zum Detail instand gehaltenen Gebäude ist ein großer, die Substanz verändernder Eingriff viel weniger denkbar, der Öffentlichkeit viel schwieriger zu vermitteln. Dann muss ein solches Vorhaben nämlich außerordentlich gut begründet und geplant werden. Wenn die Besonderheiten, die Qualitäten eines Hauses aber langsam verschüttet wurden, so langsam, dass die Öffentlichkeit, die Nutzer gar nicht mehr sagen können, was eigentlich fehlt, werden nur noch die Mängel offenbar. Mit der Schwere der Mängel wird dann die Tiefe von Erneuerungsprojekten begründet: Projekte, die bis zum Abriss gehen können, die bei genauerem Hinsehen jedoch gar nicht notwendig sind, denn die Substanz des Bestandes ist meistens gut, der Wert meistens erheblich.

Florian Kirfel

Haupteingang 1984 — Sehr sorgfältige Beschriftung mit Einzelbuchstaben aus Vollaluminium

1996 — Die Hochschule wird in Bauhaus-Universität Weimar umbenannt

2012 — Die Mensa gehört schon lange zum Studentenwerk Thüringen

Die

Mensa am Park ist ein besonders anschauliches Beispiel dafür, wie schleichende Entwertung zu ernsthaften Überlegungen führen konnte, ein vollkommen funktionsfähiges und wertvolles Bauwerk zu zerstören. Die Entwicklungen an der Weimarer Mensa sind typisch für viele andere Gebäude: Besonders betroffen sind vor allem Bauten der vergangenen fünfzig Jahre. Die meisten müssen tatsächlich nach den ersten Nutzungszyklen überholt werden, denn sie wurden eben nicht so erhalten, wie es notwendig gewesen wäre. Bei fast allen sind die architektonischen Qualitäten noch unbekannt oder werden mutwillig verkannt, weil wir noch zu nahe an ihrer Entwurfsgeschichte stehen; ihr architektonischer Ausdruck hat sich noch nicht von den Verstrickungen mit Mode und Zeitgeist lösen können; sie stehen noch für eine vergangene Epoche, die mitunter peinlich berührt. Aber kann ästhetisches Unständnis die Verschleuderung von öffentlichem Vermögen begründen? Müssten die öffentlichen Bauherren nicht gerade hier etwas besonner sein und mit den ihnen anvertrauten Bauwerken vorbildlich umgehen, indem sie im Zweifel auch erst einmal nicht bauen?

Das

wirft natürlich schnell die Frage auf, ob der achtlose Umgang mit der Architektur eines öffentlichen Gebäudes nun Desinteresse oder Absicht ist? Gründet der an ästhetischen Kategorien desinteressierte Betrieb eines Hauses wirklich nur auf haushälterischem Pragmatismus und Budgetknappheit oder soll damit gar ein bestimmtes, öffentlich nicht ausgesprochenes Ziel verfolgt werden? So einfach ist die Sache wohl nicht. Reine Absicht scheidet allein deswegen aus, weil die Nutzung und die Abnutzungsprozesse eines größeren Gebäudes zu komplex sind, um sie zielgerichtet und termingerecht auf eine wohlgefällige Abbruchdiskussion zusteuern zu können. Aber Vernachlässigung und ästhetisches Unwohlsein kommen sicher nicht ungelegen, um Hindernisse bei einem Prestigeprojekt im Vorhinein kleinzureden. Ein Gebäude ist einfacher zu beseitigen, wenn es in der Öffentlichkeit als heruntergekommen oder sanierungsbedürftig oder einfach hässlich beurteilt wird. Die Erkenntnisse von Fachleuten zu seinen Werten und Qualitäten haben es dagegen schwerer.

Die   **Architektur ist Ordnung, aber auch Ordnung halten**

dauerhafte Erhaltung von Gebäuden ist eine verantwortungsvolle Aufgabe, die über Generationen hinweg verfolgt werden muss. Wenn wir wirklich mit den endlichen natürlichen Ressourcen gewissenhaft umgehen und uns ernsthaft nachhaltig verhalten wollen, müssen wir uns bei Bauwerken die großen Mengen von Ressourcen vergegenwärtigen, die in ihnen gebunden und so schon verbraucht sind. Um diese gebundenen Stoffmengen so effektiv wie möglich zu nutzen, dürfen sie über einen sehr langen Zeitraum nur minimal ausgetauscht werden. Dieser Zeitraum ist viel länger, als die meisten Verantwortlichen überschauen und als die meisten von uns leben. Aus diesem Wissen sollte für die Eigentümer und Betreiber ein Verständnis für die bestehende, gebrauchte Architektur erwachsen, das den Respekt für die Leistungen der

Florian Kirfel

Erbauer genauso umfasst wie die Rücksicht auf gewachsene Strukturen und Gelassenheit gegenüber Moden und dem jeweiligen Zeitgeschmack. Das macht es aber auch notwendig, die ästhetische Erscheinung der Architektur genauso zu unterhalten wie ihre technischen Elemente.

Architektonische Qualität ist nicht statisch. Eigentlich ist ein Gebäude nie fertig und eigentlich sind daher auch der Architekt und der Bauherr nie aus ihren Aufgaben entlassen; diese verändern sich nur mit der Übergabe nach der sogenannten Fertigstellung. Genauso wie qualitätsvolle Architektur einen architektonisch anspruchsvollen Bauherren voraussetzt, benötigen die Prozesse nach der Übergabe, nach der Inbetriebnahme, wenn sich der Bauherr zum Nutzer wandelt, architektonische Beratung. Die Architektur muss betrieben und mit Leben gefüllt werden, wenn sie nicht von der Nutzung überrollt werden soll. Besonders gefährlich ist, dass sich Qualitätsverluste langsam einschleichen und dass mangelhafter Unterhalt manchmal erst mit schlagartigen Verschlechterungen sichtbar wird. Dann ist es fast immer zu spät für Erhaltungsarbeiten und es muss erneuert werden.

Architekten lösen Probleme mit einer räumlichen Ordnung. Mit welchem Aufwand diese Ordnung dann durch die Nutzer aufrecht erhalten werden kann, ist ein Kriterium architektonischer Qualität. Hierbei geht es um die Frage, wie sich diese Ordnung im Alltag bewährt; wie sich ein Gebäude durch seinen Gebrauch verändert; wie Architektur dauerhafter sein kann als arrangierte Bilder, die sich in einem genutzten Bauwerk nicht fortschreiben lassen.

An dieser Frage hängt die langfristige Erhaltung der Qualität eines Gebäudes. Auf dem Umweg der ästhetischen Wahrnehmung geht es also ganz konkret um die Bewahrung eines Bauwerks als physische und wirtschaftliche Ressource.

Erhaltung und Erneuerung unterscheiden sich deutlich: Etwas erhalten bedeutet, es nie abzuschließen; der Gegenstand bleibt im Prozess. Etwas erneuern heißt, es in einem abgeschlossenen Projekt von einem Qualitätsniveau auf ein anderes, höheres zu heben. Das Verhältnis von Projekten und Prozessen beim Bauen ist delikat. Prozesse können Projekte ersetzen, aber umgekehrt geht das nicht. Natürlich besteht die Erhaltung aus vielen kleinen Projekten, die sich zu einem Prozess fügen. Der Unterschied zum Erneuerungsprojekt besteht in der Integration in die alltägliche Nutzung: Was den Alltag nicht behindert, gehört wohl dazu und hat mit dem normalen Gebäudeunterhalt zu tun. Ernsthaft relevant wird die Zwiespältigkeit von Prozess und Projekt, von Erhalten und Erneuern jedoch beim öffentlichen Bauen mit seiner Unterscheidung von Betriebs- und Baubudget. Qualitätsbewusst erhalten ist teurer, als sich nur am Minimum zu orientieren, es ist schlecht für den jährlichen Betriebshaushalt und politisch gesehen, ist es mitunter etwas langweiliger. Für Erneuerungsprojekte ein Baubudget aufzustellen, ist paradoxerweise

einfacher, weil es zum Beispiel Förderprogramme gibt, aber auch, weil es mehr
Aufmerksamkeit hervorruft und sich besser mit politischem Prestige verbinden
lässt. Die Voraussetzung für eine Erneuerung ist aber immer ein entsprechend
erneuerungsbedürftiges Gebäude.

Dabei

ist die kontinuierliche Pflege eines Gebäudes, also ein gutes
Qualitätsmanagment, viel effizienter als ein Erneuerungsprojekt: Die eingesetzten Ressourcen können länger genutzt werden, es gibt keine Nutzungsun-
terbrechungen, die geschaffenen Werte bleiben erhalten und schließlich ist
es in der Summe meistens schlicht billiger.

Da

nun aber gerade im öffentlichen Bauen (und ganz besonders bei
den Hochschulen) die Erhaltung nicht so selbstverständlich mit derjenigen
Qualität betrieben wird, die notwendig wäre, um der Abnutzung dauerhaft
entgegenzuwirken, werden immer wieder Erneuerungprojekte notwendig.
Auch die Mensa am Park in Weimar muss, nun gerettet und ein Baudenkmal
in erster Lage, erneuert werden.

Florian Kirfel

Die vielen Schichten der Fassade
wurden regelrecht inszeniert

Für die nächste Generation gebaut

Florian Kirfel

Die **Wie sollte ein Projekt aussehen?**

Mensa am Park kann gut saniert werden. Sie wird sich sogar vorbildlich instand setzen lassen; das ist eines der wichtigsten Ergebnisse unserer ausführlichen Beschäftigung mit dem Bau.

Erneuerungsprojekte

sind viel zu selten strategisch geplant. Der erste Schritt auf dem Weg zu einem qualitätsorientierten Erneuerungsprojekt ist deswegen ein Nutzungskonzept, das über kurzfristige Ziele hinausschaut, das eine neue Strategie formuliert. Getragen werden sollte dieses Nutzungskonzept von der Vorstellung, dass der Entwurf nie fertig und das Bauwerk nie vollständig ausgeführt ist. Wie aber immer, wenn gute Architektur entstehen soll, ist nicht nur ein geeigneter Architekt gefragt, sondern auch eine anspruchsvolle, am Thema interessierte Bauherrschaft. Bei öffentlichen Bauvorhaben sind Bauherrschaft und Nutzer meistens nicht identisch. So ist es auch bei der Mensa; genauer gesagt findet sich hier eine Konstellation aus drei Parteien: Der Eigentümer der Mensa und damit auch der Bauherr bei allen größeren Projekten ist der Freistaat Thüringen; der formelle Nutzer ist das Studentenwerk, das eigentlich der Betreiber der Mensa und für die Instandhaltung verantwortlich ist. Und schließlich wird die Mensa durch die Weimarer Hochschulen und ihre Angehörigen genutzt, die wiederum die Aufsicht über das Studentenwerk haben. In dieser Konstellation darf der Bauherr die Betreiber und Nutzer nicht mit der Aufgabe allein lassen, denn die langfristigen Chancen, die sich für die Öffentlichkeit mit einer Instandsetzung verbinden, sind nicht unbedingt deckungsgleich mit den kurzfristigen Zielen des aktuellen Betriebes.

Die

Mensa muss zu einer Mensa academica umgenutzt werden: Sie muss weiter in die Universität hineinwachsen. Die Raumreserven in dem großen Gebäude sind ein ungehobener Schatz, mit dem auf die veränderten Lern- und Arbeitsbedingungen in den Hochschulen nach den grossen Reformen reagiert werden kann. Dabei geht es nicht allein um neue Arbeitsplätze für die Studierenden, sondern auch darum, auf andere Tagesabläufe mit anderen Lebensentwürfen zu reagieren. Mensen müssen zum Beispiel familienfreundlicher werden. Aber Vorsicht: Wurden vor kurzem noch die Überkapazitäten der Mensa als Argument für deren Abbruch vorgebracht, klagen die Studentenwerke heute schon wieder über Platzmangel und gehen von kontinuierlich hohen Studierendenzahlen aus.

Vor

diesem Hintergrund mag die folgende Überlegung paradox erscheinen, sie bietet aber die Möglichkeit eines regelmässigeren Geschäftsgangs und dauerhafterer Werterhaltung: Wenn die öffentliche Wahrnehmung der Mensa am Park über die Architektur hinausreicht, hat sie das Potential, als Katalysator von Universität und Stadt zu wirken. Notwendig ist dazu allerdings ein Angebot an die Öffentlichkeit und gleichzeitig die beiderseitige Bereitschaft von Parkverwaltung und Mensabetrieb, die heute so unbefriedigenden Außenräume zu verbessern und die Mensa vom Park aus sichtbarer werden zu lassen. Ein regelrechter Paradigmenwechsel wird nötig sein, um die Architektur der Mensa auch in den Park einzubinden: Räumlich, gärtnerisch, gastronomisch. Die Zuständigkeitsfragen, die daran geknüpft sind, lassen diese Aufgabe derart ambitioniert erscheinen, dass ihre Lösung tatsächlich eine weit über die Mensa hinausreichende Vorbildfunktion haben würde.

Das

Erneuern einer gebrauchten Architektur kann nur in einer Zangenbewegung geplant werden. Es kann nicht erst ein Programm formuliert werden, für das dann ein Raum geschaffen wird, wie bei einem Neubau. Das geht unweigerlich zum Nachteil der bestehenden Substanz aus. Parallel zum Programm müssen auch die Ziele einer Instandsetzung formuliert werden: Was kann erhalten werden? Was kann weg? Was muss wieder hergestellt werden oder ist unverzichtbar? Bei diesem Vorgehen werden unweigerlich Konflikte auftreten, die aber nur in vielen, sorgfältig vorbereiteten Planungsrunden verträglich gelöst werden können: Verträglich sowohl für den Betrieb, wie auch für die Bausubstanz. Es setzt aber die Fähigkeit — und Bereitschaft — von Bauherrschaft, Betreiber, Nutzer und Architekt voraus, miteinander kommunzieren zu wollen: Sie brauchen genügend Zeit und müssen geduldig ohne Interesse an Selbstdarstellung arbeiten wollen; Hemdsärmeligkeit und erratische Entscheidungen werden bei einem solchen Projekt immer zulasten der Substanz gehen und ihm sofort die Alleinstellung nehmen.

Ein

Blick auf die Auseinandersetzungen über den Umgang mit jüngerer Architektur in den vergangenen Jahren macht schnell deutlich, mit wie viel Interesse die Öffentlichkeit das Schicksal dieser Bauten verfolgt. Die Erneuerung der Mensa am Park wäre ein Demonstrationsprojekt. Ein Vorbild, das große Aussenwirkung entfalten wird und die Wahrnehmung von Park und Mensa, von Weimar und seinen Hochschulen, weit über die Landesgrenze hinaus positiv beeinflussen kann. Durch den bedachtsamen, erhaltenden Umgang mit gebrauchter Architektur wird gezeigt, wie das Bauen zur Generationenverantwortung beitragen kann.

Zwischen Schutz und Ei

Zur baubezogenen Kunst der Mensa am Park

Anika Gründer

Es

ist noch früh am Tag und der Geruch von Essen noch nicht aufdringlich, als ich die Mensa mit einem anderen Zweck als dem des Speisens betrete. Mein erstes Ziel ist der ehemalige Klubraum, der sich an der Ostseite im Obergeschoss befindet. Ich bin hier, um die Kunst an diesem Mensabau zu erkunden. Bei der Durchquerung der erdgeschossigen Eingangshalle irritiert mich irgendetwas, ich bekomme den Grund dafür jedoch nicht zu fassen und setze meinen Weg fort.

Im

ehemaligen Klubraum, der heute für Tagungen und Gremiensitzungen genutzt wird, hängen vier Wandteppiche aus gefärbtem Sisal von Christiane Schill. 1988, 6 Jahre nach Fertigstellung der Mensa, wurden sie hier platziert und bilden seitdem den einzigen mit Kunstwerken ausgestatteten Innenraum des Gebäudes. Rote, blaue, violette und gelbe Farbflächen, die an manchen Stellen in Berührung miteinander treten, scheinen über den grob gewebten Stoff zu tanzen. In einem Telefongespräch, welches ich mit Frau Schill führe, erzählt sie, dass ihre Wandbespannungen keinesfalls immer schon selbstverständlicher Bestandteil dieses Mensabaus waren. Sie erinnert sich, dass in den ersten Jahren nach der Montage der Kunstwerke aus verschiedenen Gründen ihre sofortige Demontage diskutiert und sogar beschlossen wurde. Nach Angabe der Künstlerin wurde dieser Beschluss vor allem auf Grund der positiven akustischen Wirkung der Wandtextilien nicht ausgeführt. Als Gründe für die gewünschte Demontage vermutet Frau Schill sowohl die Äußerungen Anita Bachs, das Gebäude solle durch Menschen, nicht durch Kunst bevölkert werden, als auch den sehr abstrakten Inhalt der Wandbespannungen, der sich nur mit großer Fantasie an der Vorgabe „Wissenschaft, Welt und Mensch" orientierte. Die Absicht der Künstlerin und Textilrestauratorin war es, das Prinzip von Kette und Schuss bei der Herstellung von textilen Geweben zu durchbrechen. Diesen experimentellen Umgang mit traditionellen Materialien wie Sisal und Hanf sowohl durch Veränderungen chemischer und physikalischer Art, als auch durch Modifikationen von Web- und Stickprozessen setzt sie bis heute fort.

Der große Wandteppich von Christiane Schill
Der Clubraum wurde als einziger Raum mit Kunstwerken ausgestattet (S. 36 / 37)

Anika Gründer

Anika Gründer

Verborgen im Hinterhof eine Formsteinwand von Hubert Schiefelbein

Detail Formsteine
Der Innenhof wurde von Hubert Matthes entworfen (S. 40 / 41)

Ich

verlasse den farbenfrohen Klubraum und gelange durch das parkseitige Treppenhaus hinaus auf die Terrasse. An der rückwärtigen, dem Ilmpark zugewandten Ostseite der Mensa, am Übergang zum Wirtschaftshof, steht ein Stück Formsteinmauer. Es ist ein eher untypischer Ort, denn Formsteinwände und durchbruchplastische Elemente fanden in der Regel entweder als komplette Fassadensysteme, auf Freiflächen oder im komplexen Wohnungsbau als raumbildende Elemente, ihren Einsatz. Seit Mitte der 1960er Jahre bilden sie eine eigene Kategorie in der architekturbezogenen Kunst der DDR. Geprägt wurde diese insbesondere durch Siegfried Tschierschky, Professor für bildnerisches Gestalten an der Hochschule für Architektur und Bauwesen und seinen Nachfolger Professor Hubert Schiefelbein, den Schöpfer der vor mir stehenden Formsteinwand. Das geschlossene Relief wirkt auf den ersten Blick wie aus einem Guss. Durch die Arbeit *Ornament des Plattenbaus*[1] von Felix Rössl weiß ich jedoch, dass der Künstler häufig mit innenliegendem Mörtelbett arbeitete, um die Fugen zu minimieren. Die aus organischen Ausstülpungen und Vertiefungen bestehenden Formsteine erzeugen ein lebendiges Schattenspiel. Dieser Typ Formstein trägt den Namen *Falter*. Zwischen Außenwand und Mauer klafft eine 1,5 Meter große Lücke, welche dazu führt, dass die Formsteinmauer weder dem Gebäude noch dem Park zuzuordnen ist. Rückstände von Dübeln weisen darauf hin, dass das verbindende Stück Mauer einst existierte, jedoch zugunsten eines beidseitigen Zugangs zum Personaleingang entfernt wurde. Ich suche aus meinen Unterlagen eine Perspektivzeichnung des ausgeführten Entwurfs von 1979 heraus. Hier wird eines sehr augenscheinlich: Da die Südost- und somit die dem Park zugewandte Seite ursprünglich nicht als Rückseite geplant war, sollte der Mauer die Funktion einer charmanten Hinaus- und Hineingeleiterin entlang eines Fußweges in den Park zukommen. Auf derselben Zeichnung ist auch eine hutähnliche, organisch geformte Skulptur zu sehen, welche auf der Südterrasse die Aufmerksamkeit der kastigen Strichmännchen auf sich zieht (siehe Zeichnung auf Seite 94). Ein Zeichen dafür, dass wohl mehr Kunst am Bau geplant war, als dann tatsächlich realisiert wurde.

1 Felix Rössl: *Ornament des Plattenbaus. Hubert Schiefelbeins Betonformsteine im Bezirk Erfurt (1970–1979)*; Bachelor-Thesis am Lehrstuhl für Denkmalpflege und Baugeschichte der Bauhaus-Universität Weimar, Sommersemester 2012, S.15

Anika Gründer

Anika Gründer

Jemand

hat ein ausgeblasenes, jedoch unbemaltes Ei auf einen Strauch neben der Formsteinwand gesteckt und mir somit ungewollt eine ideale Überleitung zwischen diesem und meinem nächsten Besuchsobjekt geschaffen.

Von

der Parkseite aus betrete ich nun den Innenhof. Hubert Matthes, einstiger Professor für Landschaftsarchitektur an der HAB, gestaltete diesen in sich gekehrten Freiraum und setzte sein Konzept gemeinsam mit den Studierenden um. Die *Badende* steht leicht aus der Mitte gerückt, jedoch zentriert in einer kleinsteingepflasterten Fläche, welche sich um sie herum aufwölbt und so ein flaches, rundes Becken bildet. Es handelt sich um eine eiförmige Marmorskulptur aus deren Scheitelpunkt in der warmen Jahreszeit Wasser quillt. Wie jedes Jahr in den Wintermonaten wird sie jetzt jedoch mit einem eigens für sie angefertigten gläsernen Schutzhäuschen vor äußeren Einflüssen bewahrt. Wäre an die Stelle der seit April 2011 denkmalgeschützten Mensa das neue Bauhaus-Museum getreten, hätte wohl der Winterhäuschenschutz kaum ausgereicht, um die *Badende* zu retten. Aller Wahrscheinlichkeit nach hätte sie gemeinsam mit der Mensa weichen müssen. Einer kurzen Eingebung folgend, bücke ich mich und zwänge mich zwischen Schutz und Ei. Es ist eng. Das Ei ist eiskalt und drückt mir in den Bauch, aber die Luft unter dem Glashäuschen ist dank der ersten Sonnenstrahlen angenehm warm. Die *Badende* ist nur unwesentlich größer als ich, dafür aber um einiges massiger. Angefertigt wurde sie von Professor Hubert Schiefelbein, dem Künstler, der auch die Formsteinwand entworfen hat. Im Gegensatz zu dieser ist das Ei ein Unikat. In die glatte Marmoroberfläche sind Linien eingekerbt. Sie zeigen eine weibliche Gestalt, deren Körperrundungen und Haarpracht mit den Wellenbewegungen des Wassers zu verschmelzen scheinen. Die Dame hat die Augen geschlossen und ihre Hände im Haar, als spüle sie gerade Shampoo aus ihnen heraus.

Nicht

nur das Lampensystem in den Speisesälen der Bauhaus-Mensa konnte aus der Produktionsstraße für den Palast der Republik abgezweigt werden. Einem Interview mit dem Künstler[2] ist zu entnehmen, dass die Skulptur aus einem jener streng limitierten jugoslawischen Marmorblöcke aus Sivec besteht, die für den Bau des Berliner Großprojektes bestimmt waren. Ich frage mich, wie Herr Schiefelbein wohl an das Material herangekommen ist. Vielleicht gab es noch weitere zeitgleiche Baustellen, an denen Materialien und Inventar des gigantischen Berliner Bauvorhabens Verwendung fanden. Der Gedanke des versprengelten Fortbestehens des Palastes trotz Abriss amüsiert mich und ich nehme mir vor, dieser Frage in Zukunft einmal nachzugehen.

Den

Körper dicht an den kalten, runden Stein gedrückt, fühle ich mich an die drehbaren Kugeln von Franz Brinkmann erinnert, die in den siebziger Jahren in vielen westdeutschen Fußgängerzonen aufgestellt wurden. Von Kinderbäuchen immer weiter poliert, wurde es mit der Zeit immer schwieriger, sich während des Drehvorgangs an der Kugel festzuhalten. Ich versuche, das Ei zu drehen, aber es sitzt fest auf seinem ca. 10 cm dicken Stahlrohr auf.

2 Hubert Schiefelbein: „Interview mit Prof. Hubert Schiefelbein in Neubukow";
in: Felix Rössl: *Ornament des Plattenbaus. Hubert Schiefelbeins Betonformsteine im
Bezirk Erfurt (1970–1979)*; Bachelor-Thesis am Lehrstuhl für Denkmalpflege und
Baugeschichte der Bauhaus-Universität Weimar, Sommersemester 2012, S.10

Mein

Auge schweift über die umliegenden Gebäude. Hier, in diesem Innenhof, ist die Wandlung der Baupolitik der DDR von einer traditionellen hin zu einer modernen Haltung sehr präsent. Hinter mir liegt das Seminargebäude von Emil Schmidt, mit traditioneller Lochfassade aus den frühen Fünfzigern. Rechts von mir, als typologisches Bindeglied, steht das Hörsaalgebäude. Dessen Architekt ist ebenfalls Emil Schmidt, jedoch operierte er hier bereits mit einer offeneren Fassadengliederung. Und schließlich befindet sich links von mir die Mensa, ein Bau mit einer eindeutig modernen Haltung aus den frühen achtziger Jahren.

Eine

Frage schießt mir durch den Kopf: Stehe ich hier Haut an Haut mit staatskonformer oder mit nonkonformer Kunst? Ich weiß sogleich, dass ich diese Frage nicht werde beantworten können. Entspannt und selbstbezogen fährt sich die *Badende* durchs nasse Haar und scheint weder für den Weltfrieden zu kämpfen, noch am Sieg der Arbeiterklasse interessiert zu sein. Mit einem Mal bekomme ich zu fassen, was mich zuvor bei der Durchquerung der Eingangshalle stutzig gemacht hatte. Grund meiner Irritation war gerade das Fehlen von baubezogener Kunst. Weder im Erdgeschoss noch in den großen Speisesälen befinden sich Kunstwerke. Das mag aus heutiger Sicht normal erscheinen, bei einem Vergleich mit anderen Mensabauten der DDR verwundert es jedoch. Benjamin Rudolph vom Landesamt für Denkmalpflege in Thüringen hat sich die Mühe gemacht, DDR-Mensen zu vergleichen.[3] Am Rande erwähnt er, dass nahezu alle zwischen 1960 und 1989 entstandenen Mensen äußerst reichhaltig mit Werken der baubezogenen Kunst ausgestattet, ja teilweise sogar überfrachtet wurden. Wandbilder, Wandreliefs, Wandteppiche, Lichtgestaltungen, Skulpturen, figürliche Kleinkunstobjekte, betonplastische Arbeiten etc. prägen das Bild dieser „Typenmensen".[4] Mensen sind stark frequentierte Gebäude und eigneten sich daher besonders gut als Träger von Kunst mit propagandistischer Funktion.

3   Benjamin Rudolph: „Zum Mensabau in der DDR zwischen 1960 und 1989 – Eine Bestandsaufnahme"; in: *Aus der Arbeit des Thüringischen Landesamtes für Denkmalpflege und Archäologie*; N.F., 36 (2010), S. 106–147

4   An der TU Dresden wurden zwei Typen entwickelt, welche ungefähr ein Drittel aller zu DDR-Zeiten errichteten Mensen ausmachen. Hierzu gehören beispielsweise die Mensen in Ilmenau, Leipzig, Halle/Saale, Dresden etc. Vgl. Rudolph 2010, S. 106–147

Anika Gründer

Die *Badende* im Frühling 2013

Diese

Häufung von baubezogener Kunst fand sich jedoch nicht nur bei Mensen. Wohl selten zuvor und auch danach kam es zu einem solchen Volumen von Kunst am Bau wie in den vierzig Jahren DDR. Der Grund hierfür ist einfach zu erklären. Sowohl im „Dritten Reich", der BRD und der DDR, als auch heute in vielen Ländern, existierten und existieren Richtlinien für die Verwendung eines bestimmten Prozentsatzes des Baubudgets öffentlicher Bauvorhaben für Kunst am Bau.[5] Da es in der DDR keine private Bauwirtschaft gab und alle Bauvorhaben öffentlich waren, gab es trotz ähnlichem Prozentsatz eine ungleich größere Menge baubezogener Kunst. So kam es in manchen Gebäuden oder Einrichtungen zu einer häufig zusammenhangslos platzierten Vielzahl von Skulpturen und Reliefs.[6] Was erst einmal nach einem Paradies für bildende Künstler klingt, wurde jedoch dadurch eingeschränkt, dass die baubezogene Kunst in der DDR unter einem viel höheren und funktionsgebundeneren Leistungsdruck stand, als dies heute der Fall ist. So sah es die SED als „Aufgabe der bildenden Kunst, politische Botschaften zu vermitteln, idealisierte Gesellschaftsbilder zu propagieren und Fortschrittsutopien zu illustrieren".[7] Kunst sollte als Erziehungsmittel eingesetzt werden mit dem Ziel, die sozialistische Arbeitsmoral zu fördern und zur Entfaltung der sozialistischen Persönlichkeit beizutragen. Insbesondere vor dem Hintergrund seriell produzierter und typisierter Architektur, wie z.B. den Typenmensen, wurde die baubezogene Kunst dazu herangezogen, der Architektur unter die Arme zu greifen und somit sowohl die Aufgabe des angesprochenen Ideologietransports zu übernehmen als auch grundsätzlich zur Individualisierung und Verschönerung der gebauten Räume beizutragen. Der Kritiker Bruno Flierl führte zu Beginn der achtziger Jahre den Begriff der „Bekunstung" ein. Er übte Kritik an der damaligen Baupolitik der DDR, indem er deren Errungenschaften als „Bekunstung unzureichender Architektur"[8] bezeichnete. Hier kehren meine Gedanken wieder zur Mensa am Park zurück sowie zu meinem Erstaunen über das Nichtantreffen eines Marxreliefs oder zentral platzierter

5   Überblick über Kunst-am-Bau-Regelungen:
        Deutschland im Nationalsozialismus: Bei allen über 10.000 Reichsmark teuren Bauten soll ein „angemessener Prozentsatz" für Aufträge der Bildenden Kunst verwendet werden. Vgl. BMVBS (Hg.): *Geschichte der Kunst am Bau in Deutschland*; Berlin, 2011, Bearbeiterin: Büttner, Claudia, S. 11
        DDR: Von 1960 bis 1982 wurden 2 Prozent der Bauwerkskosten in Kunst investiert, ab 1982 wurde dieser Anteil auf 0,5 Prozent gekürzt. Vgl. BMVBS, 2011, S. 21
        BRD 1949–1989: Es gab unterschiedliche Regelungen, die zwischen 1 und 5 Prozent der Bausummen für Kunstwerke vorsahen. Vgl. BMVBS, 2011, S. 48
        Deutschland heute: Je nach Höhe der Bauwerkskosten werden von 0,5 über 1,0 bis zu 1,5 Prozent der Bauwerkskosten für künstlerische Zwecke verwendet.

6   „Manche finanziell gut ausgestatteten Einrichtungen wie zum Beispiel die ehemalige Deutsche Hochschule für Sport und Körperkultur (DHfK) in Leipzig haben sich mit der Zeit ein regelrechtes Sammelsurium von Skulpturen zugelegt, die heute ohne jeden Zusammenhang untereinander im Freiraum stehen".
    Vgl. BMVBS (Hg.): *Kunst am Bau als Erbe des geteilten Deutschlands. Zum Umgang mit architekturbezogener Kunst der DDR*; Dokumentation des 2. Werkstattgesprächs in Leipzig, Berlin/Bonn, 2008, S. 10

7   Barbara Kaernbach: „Kunst am Bau in der DDR"; in: *Der Aktuelle Begriff* vom 18.02.2011, Fachbereich WD 10, Kultur, Medien und Sport, Wissenschaftliche Dienste, Deutscher Bundestag, S.1

8   Bruno Flierl: „Architektur im Prozeß komplexer Stadtgestaltung"; in: *Architektur und Bildende Kunst 4*; Erfurt, 1981, S. 12. Der Begriff der „Bekunstung" wird 1999 von Monika Gibas und Peer Pasternach mit ihrem Buchtitel „Sozialistisch behaust und bekunstet" aufgegriffen.

Werke mit Titeln wie „Lob des Kommunismus"[9] oder „Integration der Wissenschaft der RGW-Länder".[10] Was könnten Gründe für die sparsame Verwendung von Kunst in der Weimarer Mensa gewesen sein? Mangelnde finanzielle Mittel erscheinen unwahrscheinlich. Eine Erklärung bietet wohl eher die architektonische Individualität des Baukörpers im Vergleich zu seinen typisierten Zeitgenossen. Aufgrund der städtebaulichen Lage in unmittelbarer Nähe zum Ilmpark und zum Liszthaus sowie wegen des Anspruchs auf Schließung des in den fünfziger Jahren errichteten Gebäudeensembles zu einem Innenhof mussten sich die Akteure der Weimarer Mensa durch eine knapp zehnjährige Planungsgeschichte kämpfen, an deren Ende ein individueller und ortsspezifischer Baukörper stand. Auch die Ausführung und Ausstattung der Weimarer Mensa waren im Vergleich zu vielen der Typenmensen deutlich anspruchsvoller.[11] Diese Tatsache mag der baubezogenen Kunst Freiräume eröffnet haben, die anderswo nicht möglich waren. Vielleicht wurde durch die Konzentration auf die Architektur die Kunst ein wenig von ihrem Leistungsdruck befreit. Die „Bekunstung" zur Steigerung bzw. Herstellung von Individualität war nicht im gleichen Maße nötig, und vermutlich gab dies den Ausschlag für einen erstens sparsameren und zweitens freieren Umgang mit Kunst.

Um

die *Badende* steht es erstaunlich gut, vergleicht man sie mit einer Vielzahl anderer DDR-Kunstwerke. Zwar steht sie nicht im Zentrum der Aufmerksamkeit, wenn es um das derzeitig jüngste Denkmal Thüringens geht, aber dank der Unterschutzstellung der Mensa ist sie nicht existenzbedroht. Auch in den vielen Jahren vor der Unterschutzstellung wurde sie in regelmäßigen Abständen von Herrn Schiefelbein persönlich gereinigt und abgeschliffen. In einem Werkstattgespräch 2008 in Leipzig zum *Umgang mit architekturbezogener Kunst in der DDR*[12] wurde der Verwahrlosungs-, Verfalls- und teilweise Zerstörungsprozess dieser Kunst thematisiert. Der Gedanke liegt nahe, dass unter anderem auch die zuvor beschriebene Masse von Kunst am Bau in der DDR zu deren geringer Wertschätzung in der heutigen Zeit beiträgt. Dies ist jedoch nicht der einzige Grund. Auch die noch immer latent in unseren Köpfen nachhängenden Pauschalisierungen und Vorurteile aus dem deutschdeutschen Bilderstreit spielen eine große Rolle.[13] Die absolute Negation jeglicher Vielfalt, Vielschichtigkeit und Autonomie in der DDR-Kunst, die 1990 mit dem Satz des westdeutschen Künstlers Georg Baselitz „es gibt keine Künstler in der DDR"[14] ihren Höhepunkt erreichte, ist heute zwar abgeebbt, aber noch immer nicht gänzlich überwunden. Die Nachwehen des „ästhetischen Bürgerkriegs"[15] äußern sich gegenwärtig nicht mehr in aktiver Kritik, sondern häufig in Gleichgültigkeit und daraus resultierender Vernachlässigung.

9   Wandbild von Ronald Paris, 1961, Zentralamt für Statistik der DDR in Berlin
10 Gobelin von Rosemarie und Werner Rataiczyk für die Mensa in Dresden
11 Eva von Engelberg-Dočkal, Stephan Luck: „Die ‚Mensa am Park' in Weimar"; in: *In situ, Zeitschrift für Architekturgeschichte;* Heft 2, Worms, 2010, S. 44
12 BMVBS, 2008, S. 27
13 Vgl. Eduard Beaucamp: „Der deutsch-deutsche Kunststreit – 20 Jahre nach dem Fall der Mauer"; in: Karl-Siegbert Rehberg, Hans-Werner Schmidt (Hg.): *60 40 20 – Kunst in Leipzig seit 1949;* Leipzig, 2009, S. 256–261
14 Axel Hecht, Alfred Welti: „Ein Meister, der Talent verschmäht. Interview mit Georg Baselitz"; in: *art. Das Kunstmagazin,* 6/1990, S. 69
15 Eduard Beaucamp: *Der deutsche Bilderstreit – zwanzig Jahre nach der Wiedervereinigung;* Vortrag anlässlich einer Tagung des Kuratorium Kulturelles Frankfurt am 5. Oktober 2010, S. 1

Während
die Erhaltung von und der Umgang mit Gebäuden der Ost-
moderne immer breiter diskutiert werden und diese eine steigende Wertschätzung erfahren, gilt dies eher selten für die baubezogene Kunst der
DDR-Zeit. Als Appendix der Architektur wird sie entweder mit erhalten oder
mit abgerissen, aber nur selten eigenständig diskutiert.

Wie
auch immer die architekturbezogene Kunst in der DDR zu bewer-
ten ist, es kann festgehalten werden, dass die künstlerische Auseinandersetzung mit Architektur und die Produktion von räumlicher Kunst mehr als vor und
auch nach der DDR-Zeit praktiziert, geübt und weiterentwickelt wurde. Viele
Erfahrungen (positive und negative) mit Verknüpfungsformen von Architektur
und Kunst wurden gemacht und die Kunst gehörte selbstverständlicher zur
Architektur, als es heute der Fall ist. Um dies jedoch genauer untersuchen
zu können, müsste erst einmal der Bestand erfasst werden. Für Gemälde,
Grafiken und wenige Skulpturen ist man mit dem Verbundprojekt „Bildatlas:
Kunst in der DDR",[16] welches erst kürzlich mit der Ausstellung *Abschied von
Ikarus. Bildwelten in der DDR – neu gesehen* im Neuen Museum Weimar seine Ergebnisse präsentierte, auf einem sehr guten Weg. Das Gleiche müsste
jedoch auch gezielt für die baubezogene Kunst in Angriff genommen werden.

Meine
anfängliche Frage nach der Staatskonformität dieser Skulptur erscheint mir plötzlich unwichtig. An der *Badenden* muss ausnahmsweise einmal
kein ideologischer Diskurs geführt werden. Sicherlich sollte die Frage nach der
Erhaltung von Kunst am Bau der DDR-Zeit als Geschichtszeugnis und somit
nach Bewertungsparametern jenseits unserer heutigen Qualitätskriterien gestellt
und diskutiert werden. Die *Badende* jedoch scheint mir eine autonome künstlerische Äußerung und schützenswert, da von hoher künstlerischer Qualität.

Mein
Bauch ist kalt. Er befindet sich genau dort, wo das Ei, welches
den Winter förmlich gespeichert zu haben scheint, seinen größten Durchmesser hat und keinerlei Spielraum zwischen Bauch, Stein und Schutz zulässt.
Mühsam zwänge ich mich hinaus und beschließe in dem Augenblick, dass ich
mit dem Schöpfer dieses Kunstwerks in Kontakt treten möchte.

Ich
rufe Herrn Professor Schiefelbein in seiner Wohnung in Neubukow
an der Ostsee an. Er erklärt mir, dass er die Debatte um die Mensa und das
Bauhaus-Museum in den vergangenen Jahren aufmerksam mitverfolgt habe
und sich freue, meine Fragen zu beantworten.

Hier
nun sein Brief, der mich gemeinsam mit sorgsam verpackten Fotos, Heften und anderem Dokumentationsmaterial am 14.03.2013 in Weimar
erreicht hat.

---

16 „Bildatlas: Kunst in der DDR" ist ein Verbundprojekt, gefördert vom Bundesminis-
     terium für Bildung und Forschung. Verbundpartner sind die TU Dresden, die
     Staatlichen Kunstsammlungen Dresden, das Kunstarchiv Beeskow und das Zentrum
     für Zeithistorische Forschung Potsdam. Laufzeit 2009–2012.

Hubert
Schiefelbein

im Briefwechsel mit

Anika Gründer

Sehr

geehrte Frau Gründer, herzlichen Dank für Ihren schnellen Brief vom
04.03.13 mit vielen Fragen. Über den Erhalt der Mensa und des Brunnens
freue ich mich und gratuliere den Befürwortern. Hier nun Ihre Fragen und
meine Antworten:

Können

**Sie mir etwas über die Entstehungsgeschichte der Brunnen-
skulptur *Badende* erzählen? Wurden Sie direkt beauftragt? Warum wurde**
Als **die Skulptur erst 2 Jahre nach Fertigstellung der Mensa aufgestellt?**

Angehöriger der HAB Weimar wurde ich um ein Entwurfsangebot für einen Brunnen im Mensahof gebeten. Ich legte zwei Entwürfe vor. Der eine
stellte eine Knospe und der andere eine *Badende* da. Im Kreis des Archi-
tektenkollektives neigte Frau Prof. Dr. Anita Bach zum ersteren und ich ent-
schied mich für den zweiten und ich durfte. Für mich ist der Mensch wichtiger
als ein Dekor. Im Jahre 1982 bekam ich den Marmorblock und den Auftrag
vom Büro für architekturbezogene Kunst Erfurt. Die Mensa war fertig und es
ging an die Außenanlagen. Dies war meist so üblich. Die Badende wurde
am 30.08.1984 aufgestellt.

Die

***Badende* entstand aus einem der streng limitierten Marmorblöcke,
die für den Bau des Palasts der Republik in Berlin reserviert waren. Wie**
Das **konnten Sie den Stein für sich gewinnen?**

Steinwerk Saalburg hatte mir den Block angeboten, weil er Stiche (Risse)
hatte und für den Plattenschnitt nicht geeignet war. Bei meiner Begutachtung
sah ich, dass die meisten Stiche in der Nähe der Ecken lagen. Die Ecken
fielen durch die Eiform ab. Nur rechts auf dem Rücken endete ein Stich, der
mir jedoch keinen Kummer bereitet hat.

Wie

Ich **kamen Sie auf die Eiform, die recht ungewöhnlich für eine Skulptur ist?**

wollte eine einfache, kompakte und einprägsame Form. Ein Ei zeigt mehr Spannung als eine Kugel. Diese plastische Form steht im Kontrast zum Tektonischen der umgebenden Architektur und gestattet einen gleichmäßigen, beruhigenden Wasserablauf. Das runde Wasserbecken und die rundum auslaufende Pflasterung sollen diesen Kontrast unterstreichen.

Schufen

Sie die Skulptur spezifisch für den Standort zwischen Mensa und Hörsaalgebäude? Hat die *Badende* etwas mit dem Gelände der

Ja. **Weimarer Hochschule zu tun?**

Die Skulptur ist bewusst für ihren Standort an der Mensa entworfen, auch wenn alle Studierenden dieser Häuser sich gleichermaßen im Hof an der Skulptur und am Wasser erholen können. Die *Badende* soll jedoch insbesondere den Appetit der Studenten auf das Ewigweibliche anregen. Bei eventuellem Mangel an Fleisch auf dem Teller soll die *Badende* in ihrer Üppigkeit aushelfen und bei Verzicht auf Fleisch das Ei als schmackhaftes Nahrungsmittel empfehlen. Ich habe mit diesen Gedanken gespielt, um die Studenten zu necken und zu foppen. Die *Badende* hat im Laufe der Jahre eine Vielzahl von Assoziationen bei unterschiedlichen Menschen hervorgerufen. Jaina Schlemmer (Tochter von Oskar Schlemmer) bestärkte mich in meiner Ansicht, dass der Betrachter die Figur im Ei erst suchen und dann finden solle. In einem Lied der Weimarer Bauingenieurstudenten heißt es: „Das Schwerste im Säckel, das steht auf dem Hof, es ist groß und rundlich und irgendwie doof. Und weil dieses Sol-Ei wird gelber und gelber, drum putzt es sein Schöpfer zur Strafe nun selber. Kein Weißmacher macht unser Prachtstück noch rein, das nächste sollt besser aus Ebenholz sein!" Eine Reaktion, die mich sowohl schockierte als auch amüsierte, war die eines Mannes, der am 30.08.84 von der Straße zu mir in den Mensahof kam und sagte, das solle wohl das Gehirn des Architekten darstellen. Vor einem oder zwei Jahren wurde dann auf einer Postkarte des Tourist Verlages der Brunnen „Gehirnbrunnen" genannt.

Inwieweit

wurden Sie bei der Schaffung des Werkes *Badende* kontrolliert bzw. bekamen Vorgaben für einen speziellen Auftrag? (z.B. von

Ich **der „Staatlichen Kommission für Kunstangelegenheiten")**

bekam keine Vorgaben und wurde nicht kontrolliert, weder von der Hochschule noch vom Büro für architekturbezogene Kunst Erfurt oder von sonst jemand.

Handelt

es sich bei Ihrer Skulptur *Badende* um die Darstellung einer

Nein, **bestimmten Dame?**

es ist ein dem Ei angepasstes Fantasiegebilde. So viele Dicke wie heute gab es damals nicht!

Haben

Bis **Sie die Skulptur tatsächlich immer selbst gereinigt?**

zum Jahr 2009 habe ich sie jährlich ein- oder mehrmals per Hand, Schleif-
stein und mit Wasser gereinigt. Dies war nötig, da sowohl die durch das Hei-
zen in der Luft befindlichen Ruß- und Schwefelpartikel, als auch die Eisenrohre
für die Zuleitung des Brunnenwassers die Oberfläche des Marmors einfärb-
ten. Besonders im Frühjahr wurde der im Winter angereicherte Rost mit dem
ersten Wasser über den porigen, trockenen Marmor gespült.

Können

**Sie mir etwas über die Entstehungsgeschichte der Formstein-
wand an der Ostfassade der Mensa sagen? Auf wessen Initiative hin
wurde sie errichtet? Ihre Formsteine waren in der Regel für die Frei-
flächengestaltung im komplexen Wohnungsbau gedacht. Wie kamen**
Plötzlich **sie also an die Mensa?**

stand sie da! Die Formsteinwand wurde ohne meine Kenntnis mit der
Auswahl eines der von mir entworfenen Elemente errichtet. Ich weiß nicht,
wer es veranlasst hat. Viele Architekten wussten, dass die Formsteine in der
Betonfirma Kämmerer Erfurt erhältlich waren.

Sie

**können auf ein vielfältiges Werk zurückblicken. Neben der Ent-
wicklung funktionaler wie dekorativer Formsteine haben Sie auch individuelle, abstrakte Bildhauerarbeiten (*Badende*) sowie realistische
Bronzestatuen erstellt. Stehen diese Kunstformen für Sie heute gleich-**
Vielen **wertig nebeneinander?**

Aufgaben hatte ich mich gestellt und Neues ausprobiert. Alles ist mir
bei aller Unterschiedlichkeit fast gleich viel wert und doch möchte ich die
Darstellung des Menschen als das Wichtigste bezeichnen.

Andere

**Mensen, z.B. in Rostock, Cottbus, Freiberg, Greifswald, Halle
und Leipzig, wurden mit sehr viel mehr Kunst versehen. Auch für Weimar war angeblich mehr geplant. Wissen Sie, warum man es bei Frau
Schills Wandbespannungen und Ihrer Formsteinwand sowie Ihrer Skulp-**
In **tur beließ?**

die Gesamtplanung war ich nicht eingeweiht. Im Nachhinein eigentlich erstaunlich! — Ich weiß nicht, warum in Weimar weniger Kunst zur Ausführung
kam als in den anderen Mensen der DDR. Zusätzlich zu den von Ihnen be-
trachteten Kunstwerken *Badende*, der Formsteinwand und Frau Schills Wandbespannungen kann jedoch in aller Bescheidenheit noch meine Kleinplastik
Sänger hinzugefügt werden.

Herzliche Grüße,
Ihr Hubert Schiefelbein

Die Wieder entdeckung der Mensa am Park

**Mensadebatte —
Ein öffentlicher Diskurs**

Frauke Bimberg

Die **Dezember 2009**

Mensa am Park soll zugunsten eines neuen Bauhaus-Museums abgerissen werden. So lautete das Ergebnis einer Bauvoranfrage der Stadt Weimar auf Grundlage eines studentischen Entwurfes an der Bauhaus-Universität aus dem Sommersemester 2009. Auch für andere Standorte in Universitätsnähe wurden in vorhergehenden Jahren Vorschläge für das Museumsprojekt erarbeitet. Doch jener Vorschlag eines Pavillonbaus, angrenzend an den denkmalgeschützten Park an der Ilm und in fließendem Übergang zur ehemaligen Wirkungsstätte des Bauhaus, überzeugte die Projektbeteiligten so sehr, dass sie eine Realisierung prüfen ließen.

Aufgrund **Januar 2010**

der ausgebliebenen Diskussion um den Museumsstandort gründete sich am 31.12.2009 die studentische Initiative „Mensadebatte" mit dem Ziel, zum „öffentliche[n] Diskurs um den Umgang mit der Mensa am Park in Weimar und die Standortentscheidung um das Neue Bauhaus-Museum"[1] beizutragen. Binnen kürzester Zeit erreichte die Internetseite *www.mensadebatte.de* ein breites Publikum, das sich gegen den Abriss der Mensa aussprach. Aufbauend auf die bereits 2007 kuratierte Ausstellung über die Professorin Anita Bach[2] lieferte die Initiative Mensadebatte Informationen zur Baugeschichte der Mensa sowie den beteiligten Akteuren des neuen Bauhaus-Museums und des geplanten Mensa-Neubaus. Der Studierendenkonvent der Bauhaus-Universität unterstützte seit dem 11. Januar 2010 die Initiative Mensadebatte und warb mit einem Plakat am Haus der Studierenden gut sichtbar für den Diskurs um den Mensastandort. Zeitgleich trugen Lokalzeitungen und überregionale Fachmedien die Diskussion über die Fachebene hinaus an die Öffentlichkeit. Bereits am 18. Januar 2010 distanzierte sich die Landesregierung vom Mensastandort für den Neubau des Bauhaus-Museums. Somit stand der Abriss der Mensa nicht länger zur Disposition. Auf den spontanen Protest gegen den Abriss folgte im Laufe des Jahres die fachliche Auseinandersetzung mit dem Bauwerk der Mensa am Park.

1 www.mensadebatte.de
2 Die Ausstellung „Anita Bach. Bauen und Lehren an der Hochschule für Architektur und Bauwesen" wurde durch das Archiv der Moderne der Bauhaus-Universität Weimar im November 2007 organisiert. Ausstellungsort war die Mensa am Park.

Frauke Bimberg

Eine

erste Publikation zur Mensa am Park beschäftigte sich mit der Planungsgeschichte und stellt die besondere städtebauliche Lage des Baus heraus.[3] Die Fassadengestaltung und Materialästhetik, sowohl innen als auch außen, werden als architektonisch wertvoll eingeschätzt.

Auch

ein Seminar an der Bauhaus-Universität Weimar im Wintersemester 2010/11 nahm sich der Frage nach dem Wert der Mensa an. Ausgehend von der Bestandsaufnahme einzelner Bauteile und Materialien wurde deren Denkmalwertigkeit geprüft. Dabei trat zu Tage, dass ein Großteil der Ausstattung noch im Original erhalten ist. Ermittelt wurden außerdem der ursprünglich dunkle Anstrich der Putzflächen im Erdgeschoss und die Verwendung von Marmorsplit für den Waschbeton der Fassade. Weiterhin erwies sich die Pfosten-Riegelfassade als ein vor Ort zusammengesetztes und daher demontierbares System, das sich im Sanierungsfall ertüchtigen ließe. Die Ergebnisse des Seminars zeigten, dass die „Mensa am Park" ein qualitätsvolles Zeugnis später DDR-Architektur ist, das auf einmalige Weise mit seinem Standort interagiert.

Dieses

Fazit präsentierten die Teilnehmer des Seminars vor Vertretern der Universität, des Studentenwerkes und des Thüringer Landesamtes für Denkmalpflege und Archäologie sowie vor ehemaligen Planungs- und Baubeteiligten. Das Landesdenkmalamt empfahl daraufhin die Ausarbeitung einer denkmalpflegerischen Zielstellung für die Mensa.[4] Zeitgleich zum Seminarabschluss fand die vom Lehrstuhl Denkmalpflege und Baugeschichte an der Bauhaus-Universität veranstaltete Tagung „Denkmal Ostmoderne" statt. Sie bot mit der Mensa als Veranstaltungsort einen themenbezogenen Hintergrund und trug die neuesten Erkenntnisse an ein noch größeres Fachpublikum heran. Weiterhin erschienen zwei Publikationen zur Baugeschichte der Mensa am Park und zum Mensabau in der DDR mit einer katalogisierten Übersicht über 27 Mensagebäude. Die Autoren Benjamin Rudolph und Rainer Müller bekräftigen darin die Denkmalfähigkeit der Weimarer Mensa am Park.[5]

3   Eva von Engelberg-Dočkal, Stephan Luck: „Die ‚Mensa am Park' in Weimar"; in: *In situ, Zeitschrift für Architekturgeschichte;* Heft 2, Worms, 2010, S. 231–246

4   über die Abschlusspräsentation des Seminars „Die Mensa am Park" am 26. Januar 2010 berichtet die Mensadebatte: http://www.mensadebatte.de/?p=730

5   Rainer Müller, Benjamin Rudolph: „Der Campus der Hochschule für Architektur und Bauwesen Weimar"; in *Arbeitshefte des Thüringischen Landesamtes für Denkmalpflege und Archäologie;* Heft 36., Erfurt, 2010, S. 146–168

Das jüngste Kulturdenkmal im April 2011

Die Wiederentdeckung der Mensa

Frauke Bimberg

Die

Mensa am Park erhält den Status eines Kulturdenkmals und ist seitdem das jüngste im Denkmalbuch der Stadt Weimar eingetragene Bauwerk. Die umfangreiche Vorarbeit zur Herausstellung der Denkmalfähigkeit der Mensa am Park überzeugte schließlich das Landesdenkmalamt. In seiner Beurteilung bezieht es sich unter anderem auf die gelungene städtebauliche Einordnung der Mensa, die horizontale Staffelung des Baukörpers und die aufgelöste Südwestecke als Reaktion auf die besondere Lage im Ensemble des Parks an der Ilm sowie in unmittelbarer Nähe zu den denkmalgeschützten Gebäuden Liszthaus und Schießhaus. Weiterhin als herausragend wurde die Lösung bewertet, mit der die Mensa den unvollendet gebliebenen Hochschulkomplex Marienstraße aus den 1950er Jahren zu einer dreiflügeligen Campusanlage schließt.

Vielen

Fazit

Nutzern fallen die architektonischen Qualitäten der Mensa am Park tagtäglich auf. Die allseitige Verglasung erhellt das Gebäude. Es ist von drei Seiten aus zugänglich, einsichtig und einladend. Der Gebrauchswert der Mensa resultiert aus ihrer überaus sorgfältigen, ästhetischen Gestaltung. Dennoch verschwand das Bewusstsein für diese Qualitäten so weit, dass der Abriss der Mensa ernsthaft erwogen wurde. Die Wiederentdeckung der Mensa am Park bezieht sich also weniger auf die physische Präsenz als vielmehr auf die architektonischen und historischen Werte des Bauwerkes über dessen bloße Funktionalität hinaus. Dies würdigte auch das Landesdenkmalamt in der Denkmalbegründung: „Die [...] hohe architektonische Qualität ist Ausdruck der besonderen Entstehungsumstände an einer renommierten Architekturhochschule und darin auch Teil der Geschichte der heutigen Bauhaus-Universität."[6] Einen wichtigen Beitrag zur Wiederentdeckung hat die Initiative Mensadebatte geleistet. Den kurzen Moment der Aufmerksamkeit nutzend,[7] konnte sie der Mensa am Park eine Lobby verschaffen, die ihre Erhaltung sicherte.

6 aus der Eintragung in das Denkmalbuch. Thüringer Landesamt für
Denkmalpflege und Archäologie. 26.04.201

7 Moritz Fritz, Florian Kirfel: „Mensadebatte Weimar. Über die strategische
Organisation einer Initiative und deren Rahmenbedingungen"; in:
Denkmal Ostmoderne – Aneignung und Erhalt des baulichen Erbes der
Nachkriegsmoderne; Jovis, Berlin, 2012. S. 152-161

Die heutige Situation der Mensa am Park

Qualitäten und Mängel des Status quo

Dina Dönch

Mit
der Mensa am Park ergänzt ein Gebäude der ostdeutschen Spätmoderne den Universitätscampus um den Ursprungsort des Bauhaus, die Van-de-Velde-Bauten. Entlang der Marienstraße ist dieser Campus in den Ilmpark hineingewachsen. Die Hauptzugänge zum Komplex aus Hörsaalgebäude der 1950er Jahre und der Mensa liegen in Form zweier Tore zu Hinter- bzw. Vorhöfen zwischen den Häusern an der Marienstraße. Eine Gebäudebrücke von der Mensa aus ergänzt das L-förmige Hörsaalgebäude zu einem nahezu quadratischen Innenhof, der vom Aufenthaltsbereich der Mensa aus als Terrasse nutzbar ist. Unter der Gebäudebrücke befinden sich Eingänge zu den jeweiligen Gebäuden. Die Tordurchfahrt auf der Ostseite könnte den Zugang zum dahinter liegenden Ilmpark ermöglichen. Schöner als die groß dimensionierten Anlieferungsflächen, die den Charakter einer Gebäuderückseite erzeugen, wäre hier eine Einbindung in die Parkgestaltung durch Verbindungswege und Rasenflächen.

Das
zweite Tor an der Marienstraße führt zum Haupteingang der Mensa. Mit dem Liszt-Haus zur Rechten, der gestaffelten Mensafassade folgend, gelangt man zur parkzugewandten Südterrasse des Gebäudes. Anstelle des dichten Unterholzes würden auch hier Verbindungswege zu den Eingängen und eine Fortführung der Rasenflächen bis an die Terrasse heran die räumliche Beziehung des Gebäudes zu seiner einmaligen Umgebung verbessern. Die Architektur könnte in den Park hinein wirken und die Nähe zum Park wäre auch innerhalb des Gebäudes angemessen erfahrbar.

Die
Eingangshalle im Erdgeschoss dient als Marktplatz des universitären Lebens. Zugänglich aus Richtung des Hörsaalgebäudes oder durch den Haupteingang, ist sie durch die Glasfassade nach Norden, Westen und Süden geöffnet und enthält einen Cafétresen sowie Einbauten mit Plakatwänden und einem Kopierladen. Der Haupteingang ist als Glaskasten ausgebildet, der Südeingang durch einen torartigen Betonrahmen erkennbar, die jeweils als Windfang dienen. Während die westlich orientierten Elemente der gestaffelten Fassade verglast sind, lassen die südlich orientierten Teile das Sonnenlicht nur durch schmale Oberlichter einfallen. Die Gestaltung der dunklen, quadratischen Stützen korrespondiert mit dieser Gliederung, indem ihre Verkleidung unterhalb dieser Oberlichter endet. Die Cafeteria öffnet sich zur Südterrasse und dient den ganzen Tag als Treffpunkt für Studierende und

Gäste. Vom Haupteingang aus fallen die zwei Treppen zum Obergeschoss durch rote Geländer ins Auge. Rechts und in der Laufrichtung rechtwinklig zum Eingang liegt der Aufgang: einladend, zum einen durch eine Drehung der unteren Stufen in Richtung des Eingangs, zum anderen durch das Sonnenlicht, welches durch die Südfassade der Cafeteria einfällt. Der Treppenabsatz liegt am einzigen komplett geschlossenen Abschnitt der Südfassade, sodass diese Erschließungsachse von außen ablesbar wird. Die Essensausgabe liegt zentral zwischen diesem Aufgang und dem Abgang auf der Nordseite des Gebäudes, sowie zwischen der nord-östlich ausgerichteten, großen Küche und dem Hauptsaal im Südwesten, von dem aus der Blick durch die Glasfassade über 180° vom Innenhof zum Campus im Westen und zum Ilmpark reicht.

Die

geschlossenen, dunkel verkleideten Elemente der Fassadenstaffelung im Erdgeschoss lassen das Obergeschoss mit größerer Deckenhöhe, heller Verkleidung und großflächiger Verglasung von Süden geradezu festlich wirken. Leicht und hell wirken die oberen Säle auch im Inneren durch Stützen schmaleren Querschnitts. Die Oberlichter von unten tauchen hier als Gliederung der Glasfront wieder auf und korrespondieren gestalterisch mit dem Stab-Lampensystem, bekannt aus dem Palast der Republik. Die Messingfarbe der Scheibeneinfassungen wie des Lampengestänges in Kombination mit dem dunklen Natursteinboden, ist durchaus geeignet, eine feierliche Atmosphäre zu erzeugen. So wohlproportioniert die Gliederung der Glasfassade in der Ansicht wirkt — dem Sitzenden ist leider der direkte Blick nach außen durch eine Queruntergliederung genau auf Augenhöhe etwas versperrt. Eine farblich dezentere Möblierung könnte die architektonische Gestaltung unterstreichen, während die aktuelle Möblierung eher davon ablenkt.

Über

der Cafeteria liegt die jetzige Nudeltheke, eine Alternative zur Hauptausgabe der Mensa. Von hier ist der Blick auf den Ilmpark besonders schön. Eine eigene Erschließungstreppe über den Parkeingang von Süden ermöglicht den Zugang dorthin und zu einem Konferenzraum an der südöstlich orientierten Ecke des Gebäudes im ersten Obergeschoss, der von Studenten mangels entsprechender Anlässe eher selten betreten wird. Generell bleiben die Potentiale des Gebäudes als Veranstaltungszentrum für die Studierendenschaft derzeit weitgehend ungenutzt. Nur wenige Feste wie z.B. das jährliche „BAUHAUS meets LISZT" der beiden Weimarer Hochschulen, finden in der Mensa statt. Offensichtlich nachträglich eingebaute Fensterelemente mit weißen Kunststoffrahmen an verschiedenen Stellen im Gebäude stören besonders, da im Gegensatz dazu über das Gebäude verteilt Indizien zu entdecken sind, die auf eine feinsinnige Gestaltung bis ins Detail seitens der Architekten schließen lassen (Bis hin zur Beschilderung der Toiletten). Zudem wäre die Unterbringung einer hochwertigeren Gastronomie denkbar, erreichbar durch die Erschließung auf der dem Park zugewandten Seite, um die Qualitäten des Gebäudes für die Öffentlichkeit nutzbar zu machen und so die Möglichkeiten des besonderen Standorts auszuschöpfen.

Nur unbelaubt gibt der Park den Blick auf die Mensa frei

Abgetreppte Westfassade: planerischer Respekt vor Liszts Wohnhaus (links)
Speisen mit Blick in die Bäume (rechts)

Gilbert Weise

Treppenhaus mit bauzeitlichem Geländer (links)
Studententaugliche Terrassenmöbel neueren Datums (rechts)

Beliebter Ort im Sommer: der schattige Innenhof (links)
Absichtsvoll dicht gewachsene Bäume (rechts)

Point de vue obstrué

Gilbert Weise

Die ursprüngliche Möblierung verschwand kurz nach der Wende

Denkmalpflege Moderne der

Auf dem Weg zum Modellprojekt

Florian Kirfel

In

dem mehr als fünf Jahrzehnte umfassenden Zeitraum des Entwurfs, Baus und Betriebs der Mensa am Park sind alle wichtigen architektonischen Impulse aus den Weimarer Hochschulen gekommen. Während der DDR, als die HAB über ein eigenes Planungsbüro verfügte, schien das normal und war administrativ geregelt. Heutzutage hat die Bauhaus-Universität, immerhin eine der größten Architekturschulen des Landes, offiziell kaum noch Kontrolle über die architektonische Qualität ihrer eigenen Bauten. Wie sollte es da um die Mensa bestellt sein, die doch seit zwanzig Jahren nicht einmal mehr der Hochschule gehört?

Erstaunlicherweise

hat sich die Universität aber trotzdem immer Gehör beim Umgang mit diesem zentralen Gebäude auf ihrem Campus verschaffen können. Selbst die Pläne zum Abriss und Ersatz wurden in den Entwurfsstudios der Architekturfakultät entwickelt. Da die Initiative Mensadebatte von Mitarbeitern und Studierenden dieser Fakultät gegründet wurde, lag auch die Thematisierung im Unterricht nahe.

Dieses

Seminar sollte sich von den üblichen Unterrichtseinheiten deutlich unterscheiden: Erstmals ging es um die Mensa am Park als potentielles Denkmal und vor allem als individuelles Bauwerk. Ist die Mensa, kaum gerettet und nun im Fokus der Öffentlichkeit stehend, wirklich ein wertvolles Stück Architektur?

Denn

sosehr die Planungs- auch mit der Hochschulgeschichte verwoben war, ist das Wissen um die Konstruktion der Mensa kaum noch greifbar. Ohne die Fakten oder die Bauweise des Gebäudes zu kennen, war beinahe ein wirtschaftlicher Totalschaden herbeigeredet worden, der einen schnellen Abriss legitimieren sollte. Was war dran an den Vermutungen, das Gebäude sei mit vertretbarem Aufwand nicht instand zu setzen und eine Energieschleuder obendrein?

Florian Kirfel

Die

MitarbeiterInnen dreier ganz unterschiedlicher Professuren machten sich mit einer kleinen Gruppe Studierender daran, Antworten auf diese Fragen zu finden. Aus der Perspektive von Denkmalpflege, Baukonstruktion und Bauphysik wurden die Baugeschichte, die Konstruktionsweise und der Zustand der Mensa ausgeleuchtet. Die Seminarteilnehmer stiegen so breit wie möglich in das Thema ein und beschäftigten sich mit Mensen in ganz Deutschland sowie mit guten Beispielen für die Instandsetzung von Bauten der späten Moderne. Von dieser Grundlage aus machte das Seminar einen großen Sprung auf die Ebene der Details, der Fügung von Baumaterialien, der Abnutzung, Mängel und Patina.

Mit

diesem zweigleisigen Vorgehen, also in der Breite zu recherchieren und zugleich gezielt „Bohrungen" an neuralgischen Stellen vorzunehmen, konnten sehr schnell einige Schlüsse gezogen werden, die sich aus der Perspektive der Einzelfächer nicht so einfach ergeben hätten: etwa die Fragen, wo sich eine Isolation des Gebäudes besonders lohnen würde (an der Unterseite der Auskragungen), ob die Glasfassaden einfach ausgetauscht werden können (nein, denn sie sind Teil der Tragstruktur, aber sie lassen sich sehr gut nachrüsten), oder welche Materialien an der Fassade verwendet wurden.

Da

die kunsthistorischen und baukonstruktiven Erkenntnisse alleine aber wohl nicht zu einem kultivierten Umgang mit der Mensa beitragen würden, wird die Darstellung der Ergebnisse besonders wichtig. Große, anschauliche Zeichnungen, die Fachleuten wie Laien etwas zu entdecken geben, sollten die Öffentlichkeit dazu einladen, die Qualitäten der verkannten und mit Vorurteilen belasteten Mensa am Park selbst zu entdecken. Das Ergebnis war eindeutig und die Resonanz erstaunlich: In aller Bescheidenheit hat dieses Seminar die letzten Argumente geliefert, um die Mensa am Park als Kulturdenkmal zu erhalten und unter Schutz zu stellen.

Leuchtensystem zerlegt und vermessen

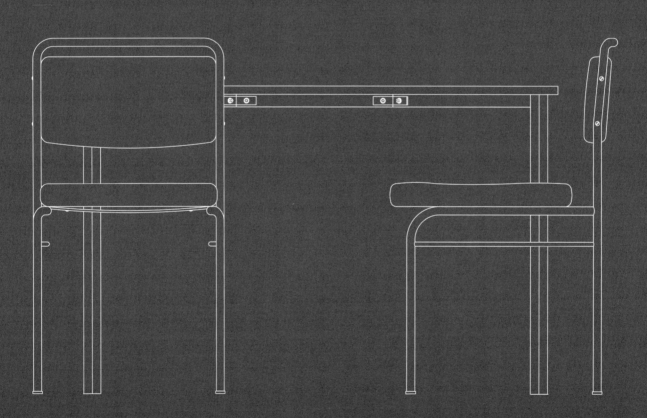

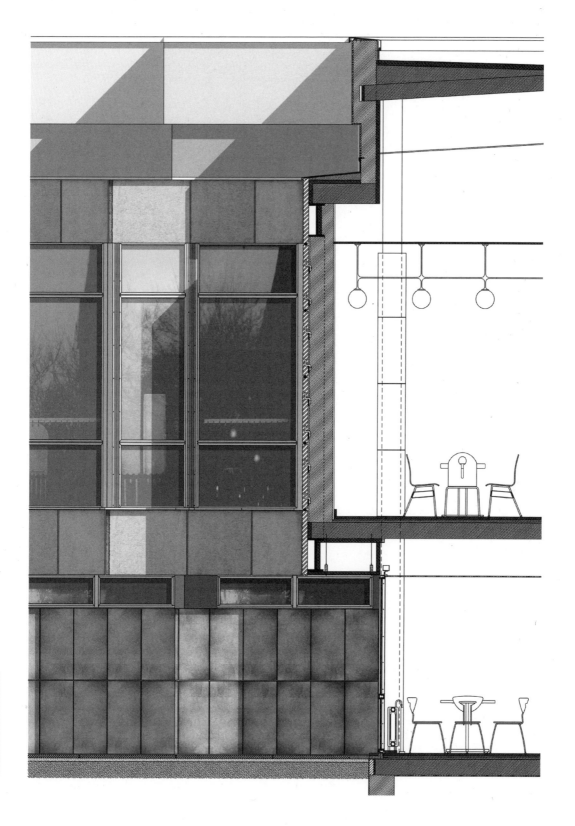

Schnittansicht der Fassade

Florian Kirfel

Detailgrundriss der Fassade (EG)

Brunnenskulptur „Badende"

Florian Kirfel

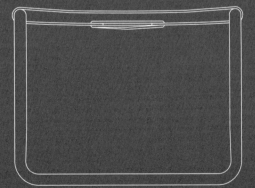

Fassadenausschnitt

Florian Kirfel

Detailgrundriss der Fassade (OG)

Denkmalpflege der Moderne

Detailansicht Formsteinwand

Anita Bach

im Gespräch
mit

Moritz Fritz

Frau
      Professorin Bach, in den vergangenen Jahren wurde mehrfach versucht, der Mensa am Park einen eindeutigen Entwurfsverfasser zuzuordnen. Mittlerweile ist klar, dass viele Personen beim fast 10-jährigen Planungsprozess beteiligt gewesen sind. Können Sie uns zu Beginn Ihre

Ja,   **Aufgaben bei der Planung der Mensa am Park schildern?**

es gab viele geistige Väter und Mütter, die das Mensaprojekt voranbrachten und das fertige Haus als eine Art kollektives Ergebnis ansahen. Ein architektonischer Entwurf jedoch, oft aus Ideenblitzen hervorgegangen, der Zielen und Anforderungen der Bauherrschaft wie aller Beteiligten sehr nahe kommt und ein Gebäude architektonisch prägt, ist eine ganz andere Sache. Lassen Sie uns doch bitte Ihre Frage nach einem eindeutigen Verfasser des Mensaentwurfs zurückstellen. Eine Antwort ergibt sich sicher noch aus unserem weiteren Gespräch.

      Wie

Mit   **sind Sie denn zur Mensaplanung gekommen?**

der Mensaplanung war ich von Anfang an befasst. Vielleicht hatte ich das Glück, zur rechten Zeit am rechten Ort zu sein. Das Projektierungsbüro für Hochschulbauten an der HAB Weimar hatte schon zwei Jahre erfolgreich gearbeitet, als die Mensaplanung akut wurde. Man muss wissen, dass die großen Baukombinate der DDR für ein begrenztes Spektrum industriell gefertigter Massenbauten zuständig waren — wie Wohnungsbauten oder Industriebau — und sowohl planten als auch bauten. Ein Institut für den wissenschaftlichen Vorlauf zum Hochschulbau gab es an der TU Dresden schon seit Anfang der sechziger Jahre. Zeitgleich mit unserem Büro war an der Uni Leipzig ein zweites Projektierungsbüro entstanden. Aufträge und fachliche Vorgaben dieser Einrichtungen kamen aus der Bauabteilung des Ministeriums, die Mitarbeiter waren jedoch Angehörige der Hochschulen. Mit zusätzlich bewilligten Planstellen ausgestattet, arbeiteten die Büros wirtschaftlich selbständig.

Anita Bach, Leiterin des Projektierungsbüros, um 1970

Anita Bach

Nach

meiner Promotion hatte ich einen Auftrag der Bauakademie der DDR mit dem Kurztitel „Wohnheime" bearbeitet und abgeschlossen. 1966 erarbeitete ich dann im Auftrag des Ministeriums ein Konzept zu Struktur und Inhalt eines praxisorientierten Büros in Weimar und ich wurde berufen, die neue Einrichtung zu leiten.

Die

Geburtsstunde des sogenannten „Projektierungsbüros des Ministeriums für Hoch- und Fachschulwesen an der Hochschule für Architektur
Ja, **und Bauwesen" in Weimar?**

so kann man das sagen. Mein erster Schritt war es, drei befähigte Architekten, einen vielseitigen Bauingenieur und eine Sekretärin für das neue Büro zu finden. Die Diplomanden Klaus-Peter Kiefer und Helmut Ellenberger bildeten zusammen mit Dr. Siegfried Richter, der als Architekt Praxiserfahrung mitbrachte, dem Statiker Nitsche und Frau Kniese das Gründungsteam des Büros. Für mich selbst tat sich eine zuvor kaum abschätzbare Verantwortung auf, denn meine Lehrverpflichtungen bestanden ja auch weiterhin.

Welche

Vor- und Nachteile brachte das „Modell" des Projektierungs-
Vorteile **büros mit sich?**

der Arbeit unseres kleinen Büros waren gewiss die Unbefangenheit des Miteinander, das Vertrauen und die Verlässlichkeit jedes Einzelnen und auch die Überschaubarkeit der Arbeitsvorgänge in kollegialer Offenheit. Nachteile? Ja, auch die gab es. Manchmal störte, dass man mit seinen Ideen und Arbeitsergebnissen spürte, Diener zweier Herren zu sein. Hier der Rektor, dort das Ministerium, nicht immer im Meinungsgleichklang. Unsere „planerischen Freiheiten" standen damals durchaus in angemessenem Verhältnis zu auferlegten Zwängen. Und natürlich gab es auch Skepsis gegenüber unserem Büro, vor allem von Seiten einiger praxisgeübter Entwurfsprofessoren, da ja unsere Arbeit von außen nicht immer erkennbar war und nichts mit der Hochschule zu tun hatte. Doch nach ersten ausgelieferten Planungsdokumenten war das Büro etabliert und erhielt sogar Unterstützung oder oft fachliche Hilfe aus manchen Bereichen der HAB.

Das

Projektierungsbüro war also eine wichtige Vorraussetzung dafür, dass in Weimar eine individuelle Mensa entstehen konnte und kein Typenbau?

Es war wohl auch eine Sache der Ehre, als traditionsbewusste Bauhochschule eine größere Investition selbst in die Hand zu nehmen. Ein Typenbau für Speiseversorgung, eine „Kantine" also, wurde verworfen. Jedem der großen Baubetriebe, der geeignete Planungs- und Baukapazitäten hätte anbieten können, standen Vorbehalte entgegen. Wir erhielten den Auftrag, ich wurde persönlich in die Pflicht genommen und unser inzwischen auf 15 Arbeitskräfte angewachsenes Büro widmete sich nun vor allem dem Mensaprojekt. So begann ein, nun ja, auch ehrgeiziges Unterfangen, getragen von einer breiten Hochschulöffentlichkeit.

Das
Die   **heißt, jeder wollte mitreden?**

Arbeiten wurden anfangs durch zwei wesentliche Hemmnisse erschwert: Erstens durch den Wunsch aller in Weimar ansässigen Hoch- und Fachschulen, die Mensa der HAB mit nutzen zu können, das heißt anteilig zu finanzieren und jeweils Planungsvorgaben bereit zu stellen. Zum Beispiel gab es lange Zeit keine Einigung zur Kapazität der Küche und zur Anzahl der Essensteilnehmer. Zweitens erwies sich das Auffinden eines geeigneten Standortes als schwierig. Es gab mehrere Studien hierzu, unterstützt auch durch studentische Entwürfe. Doch alle Versuche, die Mensa sinnvoll in die Stadt einzuordnen, schlugen fehl. Die untersuchten Standorte waren absehbar nicht zu realisieren, zu teuer oder lagen zu weit abseits von den Wegen der Studenten und Mitarbeiter.

Die

Mensa am Park zeichnet sich bis heute durch ihre unvergleichliche Lage am Park aus. Wie konnten Sie überhaupt durchsetzen, dort zu
Den   **bauen?**

Standort favorisierten wir von Anfang an. Uns war klar, dass die relativ große Baumasse der Mensa den Park an der Ilm nicht beschädigen durfte. Wichtiger noch war vielleicht unser Wunsch, das nicht vollendete Ensemble der Hochschulgebäude aus den fünfziger Jahren so zu vervollständigen, dass ein kleiner Campus mit Innenhof und Zugängen von Marienstraße und Park entstehen konnte. Schließlich war dieses Gelände schon einmal für das nicht realisierte Audimax vorgesehen gewesen. Der andauernde Widerstand seitens der Vorgängerinstitution der heutigen Klassik-Stiftung gegen den Mensabau war für uns befremdlich und endete zunächst in zeit- und kräfteraubenden Verhandlungen. Eine „Verschandelung des Parks" wurde uns unterstellt. Und „lärmende Studenten" sollten sich im Park nicht aufhalten dürfen.

Wie
Inzwischen   **konnten Sie die „Parkschützer" schließlich überzeugen?**

hatte ich Siegfried Richter und Klaus-Peter Kiefer beauftragt, sich mit Planungsstudien für die Mensa am noch nicht genehmigten Standort zu befassen. Die Arbeiten wurden im Büro diskutiert, es gab Kritik und ergänzende Vorschläge. Wir mussten uns in das brisante städtebauliche Umfeld sorgfältig einordnen, um die Zustimmung der Anlieger zu gewinnen. Schließlich versuchte ich mit einer wochenendlichen Entwurfsklausur, ermuntert durch meinen Mann Joachim, der Lösung des Problems näher zu kommen, bis der Fußboden unseres Wohnzimmers mit Skizzen bedeckt war. Die dabei gefundene stufenartige Gliederung der Westseite sah ich zugleich als Gewinn für eine wünschenswerte räumlich differenzierte Gliederung der Speiseräume im Obergeschoss. Der Entwurf wurde mit einem qualifizierten Modellbau umgesetzt, gewann öffentliche Aufmerksamkeit und sollte nun auch den Widerstand der Sachwalter des Parks brechen. Nach einer letzten Auseinandersetzung im Büro des Oberbürgermeisters konnte endlich die Genehmigung für den Standort erteilt werden. Dichte Bepflanzung sollte allerdings auf der Mensa-Südseite all das verdecken, was wir ja eigentlich zeigen wollten.

1972,
also noch vor Baubeginn der Mensa, gaben Sie die Leitung des
Mit **Projektierungsbüros ab, warum?**

Blick auf die Verantwortung für meinen Lehrstuhl wurde ich auf eigenen
Wunsch durch Hochschulminister Hofmann von der Leitung des Projektierungsbüros entbunden, nicht aber mit voller Zustimmung des Rektors Fuchs.
Er bat mich, für eine Übergangszeit an Leitungssitzungen des Büros teilzu-
nehmen, um Entscheidungen vor allem zum Mensaprojekt mit zu tragen. Die
Leitung des Büros ging auf meinen Stellvertreter Dr. Peter Karsten über, ihm
folgte 1979 Prof. Dr. Kurt Lembke als Leiter. Das Büro lief zu dieser Zeit sehr
gut, hatte neue Mitarbeiter gewonnen und auch ein eigenes Bürogebäude
zugesprochen bekommen.

Dem
Mensaprojekt sind Sie also dennoch über die gesamte Planungs-
Ja, **zeit eng verbunden geblieben?**

in der arbeitsreichen Phase unmittelbar vor und während des Baus waren von außen einwirkende Erschwernisse nicht selten. Die Hochschulleitung
fürchtete weiteren Verzug und bat um breite Unterstützung aus dem eigenen
Haus. Ich wurde vom Rektor beauftragt, Kollegen zusammen zu führen, um
mit dieser Gruppe den Fortgang der Arbeiten zu begleiten. Am wöchentlichen
Zusammentreffen vor Ort nahmen nun unter anderen die Professoren Stahr,
Lahnert und Fiedler gemeinsam mit Projektanten und Bauleitern teil. Experten
wie Prof. Schiefelbein und Prof. Matthes wurden gewonnen, eigene Beiträge
zum Mensaprojekt zu leisten. In diesem Umfeld machte ich schließlich auch
einen Alternativvorschlag für die Fassadengestaltung. Mit zeichnerischer
Unterstützung durch Ute Probst zeigte ich auf, dass verglaste wie geschlossene Außenflächen der Mensa durch einen Maßduktus als erkennbares Ord-
nungsprinzip gewinnen und so auch dem konstruktiven Großraster besser
entsprechen würden. Der Entwurf wurde öffentlich diskutiert und behauptete
sich schließlich als Vorzugsvariante für die Bauausführung. Ein weiteres Beispiel betrifft die Heizanlage der Mensa. Sie sollte mit Braunkohle betrieben
werden. Dies hätte einen mehr als 20 Meter hohen Schornstein bewirkt. Mein
Protestbrief an Ministerpräsident Sindermann fand offenbar Verständnis und
das als Kontingent verwehrte Heizgas wurde doch noch genehmigt.

Als
Leiterin des Lehr- und Wissenschaftsbereichs Raumplanung waren
Für **Sie schließlich wieder für den Innenausbau der Mensa verantwortlich.**

die Gestaltung von Innenräumen vergleichbarer Bauten ergingen in der
Regel Aufträge an den Betrieb „VEB Innenprojekt". Fast nur dort gab es noch
praktisch tätige Innenarchitekten, die zu dieser Zeit aber oft mit Aufträgen
für den Export beschäftigt waren. So kam es auch hier wieder zu einer haus-
eigenen Lösung. Die in meinem Bereich beschäftigten Mitarbeiter waren als
Raum- und Formgestalter bereit, unserer Mensa im Inneren ein Gesicht zu
geben. Darunter Rudolf Großmann, Helfried Lack, Helmut Hengst, Sigrid
Kölbel, Peter Rockel und Ute Probst. Studenten unserer Vertiefungsrichtung
halfen nach besten Kräften.

Manche
der DDR-Mangelwirtschaft geschuldeten Einschränkungen mussten jedoch ideenreich umgangen werden. Ich denke z.B. an das Aufstöbern gestreifter Stoffe in sächsischen Webereien für Fenster-Rollos oder an das „Herbeiholen" eines Leuchtensystems für die Mensa, das nur im Berliner Palast der Republik verwendet werden sollte.

Was

Das **wünschen Sie sich für eine Sanierung der Mensa am Park?**
äußere Bild sollte erhalten und sorgfältig restauriert, funktionelle Veränderungen im Inneren nicht gescheut werden. Vielleicht könnte der Dachaufbau nach Einbau raumsparender haustechnischer Geräte in der Höhe reduziert werden. Ein gut durchdachtes Raumnutzungskonzept sollte zwischen Universität und Studentenwerk zu beider Vorteil ausgehandelt und entwurfsmäßig umgesetzt werden. Die Mensa sollte eine vielseitige universitätsinterne Begegnungsstätte bleiben, die Öffentlichkeit jedoch nicht verbannt werden. Nicht zuletzt sollte das Umfeld des Gebäudekomplexes (Park und Innenhof) nach allen vier Richtungen mit hoher gestalterische Qualität eingebunden werden.

Die Mensa am Park

Ein Projekt der Weimarer Hochschule

Kirsten Angermann

Die
Weimarer Mensa am Park zählt zu den jüngsten Hochschulbauten der
DDR-Moderne. Ihre Planer waren allesamt Angehörige der Hochschule für
Architektur und Bauwesen Weimar. Sie galt als eine der führenden Architek-
turhochschulen der DDR und sah sich mitunter den Traditionen des Bauhaus
verpflichtet, das 1919 in Weimar gegründet wurde. Man kann den Architekten daher einen besonderen Ehrgeiz für den Mensa-Neubau unterstel-
len. Dieser war für den vorgesehenen Bauplatz — in sensibler Nähe zum
Gartendenkmal Park an der Ilm und zu den Baudenkmalen Liszthaus und
Schießhaus — auch von Nöten. Eine städtebaulich differenzierte Lösung
war gefragt, die auf die umgebenden Gebäude Bezug nahm. Nicht zuletzt
aus diesem Grund wurde in Weimar, anstelle der an anderen Hochschul-
standorten eingesetzten Typenprojekte, ein individueller Entwurf erarbeitet.
Die
zwischen 1979 und 1982 erbaute Mensa am Park fügt sich noch
heutzutage vorbildhaft in ihre Umgebung ein. Das Gebäude ist durch eine
überwiegend horizontale Gliederung gekennzeichnet. Das Obergeschoss
kragt prominent über das als Sockel wahrgenommene Erdgeschoss aus. Die
Gebäudehöhe von 14 Metern orientiert sich an den umstehenden Bauten
und wird darüber hinaus durch das weit hinter die Traufkante zurückgesetzte
Lüftergeschoss optisch reduziert. Die mehrfach abgestufte Fassade an der
Südwestecke der Mensa wahrt den nötigen Abstand zu den historischen Gebäuden am Parkrand. Auch aufgrund seiner Farbfassung in gedeckten Braun-,
Grau- und Ockertönen wirkt der Mensabau in seine Umgebung gebettet.
Dabei sind die hellgelben, quadratischen Waschbetonplatten, mit Weißze-
ment und Marmorsplit als Zuschlägen, dem Obergeschoss vorbehalten. Die
Verkleidung des Erdgeschosses besteht hingegen aus hochrechteckigen, ge-
schliffenen Kunststeinplatten. Diese sind in einem den hellen Waschbeton
kontrastierenden dunklen Anthrazitton gehalten und einzig an den Stellen der
Treppenaufgänge bis in das Obergeschoss geführt. In der Fassade wechseln
sich geschlossene Wandscheiben mit raumhohen Verglasungen ab. Diese
werden von bräunlich eloxierten Aluminiumprofilen gehalten und sind im Obergeschoss jeweils um die Gebäudeecken geführt.

Kirsten Angermann

Die

heutige Erscheinung der Mensa geht im Wesentlichen auf den Entwurf von Siegfried Richter und Horst Schuster vom November 1978 zurück, der im Jahr darauf von Peter Klaus Kiefer nochmals überarbeitet wurde.[1] Die tatsächliche Planungsgeschichte beginnt schon in den 1960er Jahren: Die drei bestehenden Mensen der Hochschule für Architektur und Bauwesen waren zu klein, um die steigende Anzahl von Studierenden zu versorgen. Daher übernahm ab Ende der 1960er Jahre das an der Weimarer Hochschule angesiedelte Projektierungsbüro des Ministeriums für Hoch- und Fachhochschulwesen die Planungen für eine zentrale Großmensa. In den folgenden Jahren entstanden Vorstudien zum Projekt, im Rahmen derer vor allem der Standort der neuen Mensa diskutiert wurde. Auch zwei studentische Ideenwettbewerbe sollten diesen Prozess unterstützen. Letzten Endes fiel die Wahl auf einen Standort im Süden der Hochschulbauten in der Marienstraße, der die Möglichkeit bot, jenen in den 1950er Jahren entstandenen Komplex zu einer Campusanlage mit Innenhof zu ergänzen. Der Bauplatz lag zum Teil auf dem Grundstück der ehemaligen Hofgärtnerei, auf dem sich auch das Wohnhaus von Franz Liszt und das historische Schießhaus befinden. In schwierigen Verhandlungen wurde das Grundstück dem Eigentümer, den Nationalen Forschungs- und Gedenkstätten der klassischen Deutschen Literatur, abgerungen.[2] Bedingung dafür war, dass die historischen Gebäude erhalten bleiben und der Mensa-Neubau mit seiner Gestaltung in angemessener Weise auf sie reagiert.

Eine

1973 entstandene Studie von Peter Klaus Kiefer schlug an diesem Standort schließlich eine langrechteckige Lösung vor, die in der Perspektive als leichte Stahl-Glas-Konstruktion erscheint. Ihr Obergeschoss ist weit hinter das Erdgeschoss zurückgesetzt. Über einen aufgeständerten Gebäudeteil wird die Mensa mit dem Hörsaalgebäude verbunden und lässt somit den gewünschten Innenhof entstehen. Eine tatsächliche Reaktion auf die historischen Gebäude im Süden ist allerdings nicht erkennbar. War Kiefers Entwurf einer sehr modernen Gestaltungsauffassung unterworfen, so schlagen die im folgenden Jahr entstandenen städtebaulichen Variantenuntersuchungen von Siegfried Richter und Peter Karsten eher konservative Lösungen vor. Diese beiden Studien empfehlen einen wenig gegliederten rechteckigen Baukörper, der sich im Vergleich zum langgestreckten Entwurf Kiefers weiter nach Süden hin ausbreitet und damit unmittelbar an das historische Schießhaus angrenzt.

1 Beschreibung der Baugeschichte nach Archivplänen aus dem Bestand des Archivs der Moderne der Bauhaus-Universität und des Planarchivs des Studentenwerks Thüringen. Vgl. auch die Ausstellungen „Anita Bach. Bauen und Lehren an der Hochschule für Architektur und Bauwesen Weimar". 17 Tafeln. Weimar, 2007 und „Die Mensa am Park in Weimar 1982–2012". 18 Tafeln. Weimar, 2012. Weitere Beschreibungen bei Rainer Müller und Benjamin Rudolph: „Der Campus der Hochschule für Architektur und Bauwesen in Weimar"; in: *Aus der Arbeit des Thüringischen Landesamtes für Denkmalpflege und Archäologie*; Band 36, Erfurt, 2010, S. 146–168 und Eva von Engelberg-Dočkal, Stephan Luck: „Die ‚Mensa am Park' in Weimar"; in: *In situ, Zeitschrift für Architekturgeschichte*; Heft 2, Worms, 2010, S. 231–246

2 Mehr hierzu bei: Rainer Müller und Benjamin Rudolph (Anm. 1), S. 162

Lageplan der Mensa am Park, November 1978

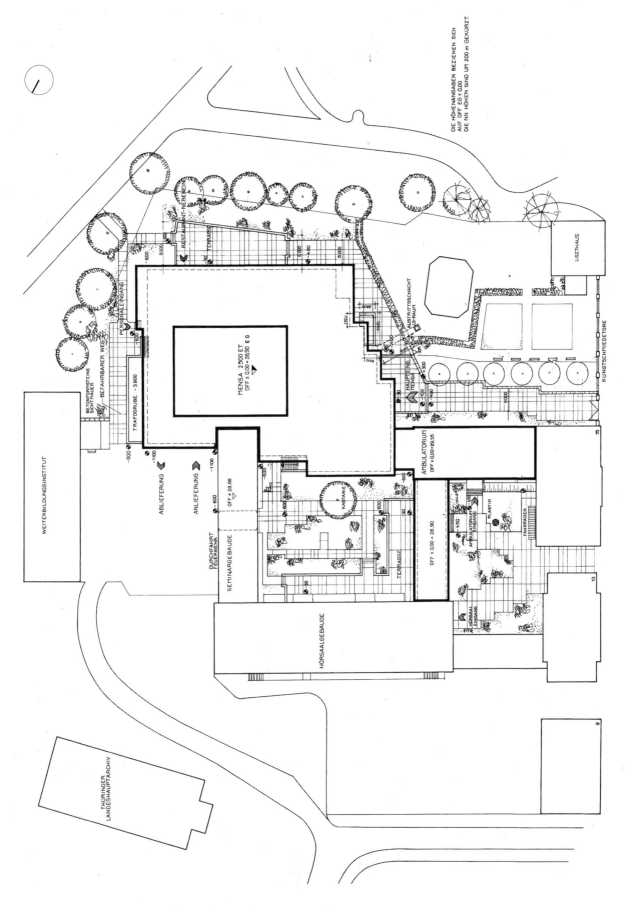

Die Mensa am Park

Kirsten Angermann

Vorprojekt für die Mensa (1973), verfasst von Peter-Klaus Kiefer

Einen

Vorschlag für einen differenzierteren Baukörper unterbreiteten 1978 schließlich Horst Schuster und Siegfried Richter. Hier ist das Mensa-Gebäude an den östlichen Rand des Grundstückes zurückversetzt und reagiert auf die Lage zum Schießhaus mit einer mehrfach abgestuften Fassade. Wie schon im Entwurf Peter Klaus Kiefers wird die Campusanlage mit einem aufgeständerten Bibliothekstrakt zwischen Mensa und Hörsaalgebäude verbunden. Entlang der Zuwegung von der Marienstraße zur Mensa ist ein Ambulatorium geplant.

Dieser

Entwurf wurde weiter ausgearbeitet und sollte im Herbst 1979 zur Ausführung gelangen. Anfang des Jahres, als die bauvorbereitenden Maßnahmen schon angelaufen waren, erwies sich jedoch die Werkplanung von Schuster und Richter als mangelhaft. Die Projektleitung wurde ausgetauscht und der an den Vorentwürfen beteiligte Kiefer überarbeitete das Projekt. Zudem wurde ein hochschulinterner Wettbewerb zur Fassadengestaltung ausgeschrieben.[3]

Bei

der neuen Lösung von Peter Klaus Kiefer unter der Mitwirkung von Anita Bach blieben die Gestalt und die Grundrisse der Mensa weitgehend erhalten. Eine wesentliche äußerliche Veränderung war die konsequente Verwendung großformatiger Fenster, die um die Gebäudeecken gezogen wurden. Dies wurde als Reverenz an das Bauhaus verstanden: „Gegenüber dem alten Entwurf haben wir hier bewußt ein Gestaltungsprinzip aufgenommen, das das Bauhaus erstmalig und zugleich konsequent anwandte: das Herumziehen von großen, transparent wirkenden Glasflächen um die Ecken des Baukörpers."[4] Zudem wurden die Dachkonstruktion und das Lüftergeschoss nicht mehr mit einer abgeschrägten Attika abgeschlossen, sondern erscheinen als jeweils zurückgesetzte Quader.

Im

Herbst 1979 erfolgte schließlich der erste Spatenstich. Die Weimarer Mensa wurde nicht gemäß der vorherrschenden Baupraxis aus vorgefertigten Betonelementen, sondern als vor Ort montierte Stahlskelettkonstruktion auf einem Raster von sechs mal sechs Metern errichtet. Das Richtfest im Anschluss an die Montage des Stahlskeletts konnte schon im März 1980 gefeiert werden. Die Außen- und Innenwände wurden anschließend mit Mauerwerk ausgefacht. Geschossdecken wurden als Betonrippendecken erstellt, die circa 1,20 Meter auskragenden Decken des Obergeschosses monolithisch ausgeführt. Aufgrund des knappen Budgets wurde der gesamte Bauprozess durch Arbeitseinsätze von Studierenden und Mitarbeitern begleitet.

Auch

die Planung des Innenausbaus erfolgte hochschulintern, statt wie im Allgemeinen durch einen externen Betrieb. Um die Professorin Anita Bach, Leiterin des Wissenschaftsbereiches Gebäudeausbau, -ausrüstung und -ausstattung, formierte sich eine Gruppe von Mitarbeitern zum Projektierungsbüro „Innenprojekt". Ihm oblagen die farbliche Gestaltung, die Möblierung und der Entwurf baufester Ausstattungen.

3 Ebd.
4 Kurt Lembcke, Peter Kiefer: „Die Gestaltung unserer Mensa"; in: *konstruktiv 6* (1980), Heft 9, S. 6

Kirsten Angermann

Nordansicht 1979

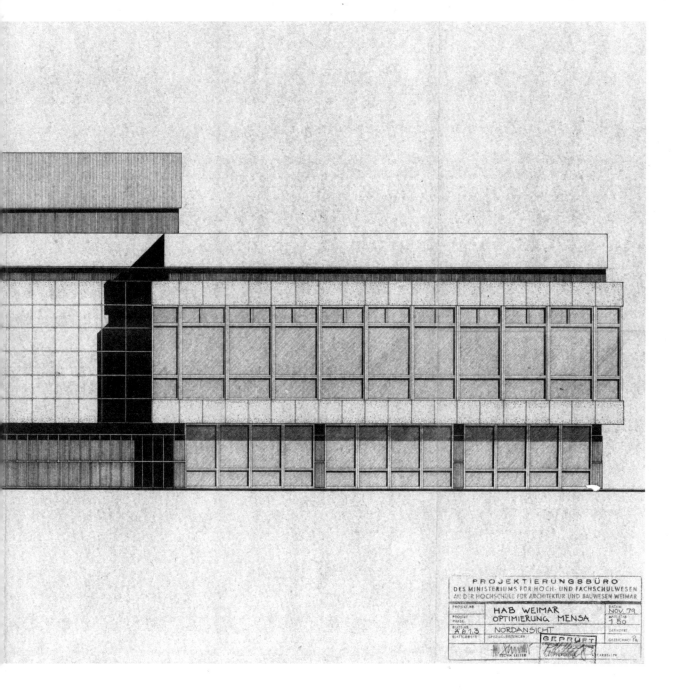

PROJEKTIERUNGSBÜRO
DES MINISTERIUMS FÜR HOCH- UND FACHSCHULWESEN
AN DER HOCHSCHULE FÜR ARCHITEKTUR UND BAUWESEN WEIMAR

PROJEKT-NR	HAB WEIMAR	DATUM NOV. 79
PROJEKT PHASE	OPTIMIERUNG MENSA	MAßSTAB 1:50
BLATT-NR A.61.3	NORDANSICHT	GEPRÜFT
BLATTGRÖßE	SPEZIALLEISTUNGEN	GEZEICHNET Pa

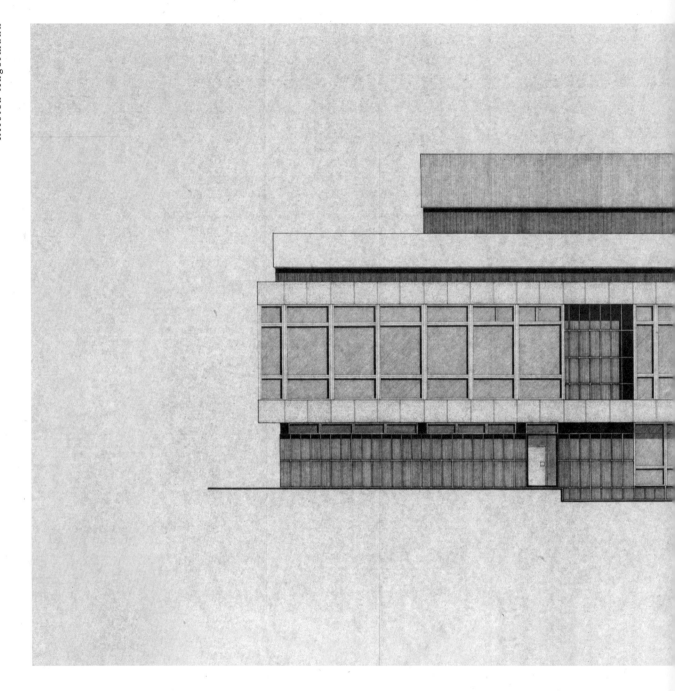

Kirsten Angermann

Ostansicht 1979

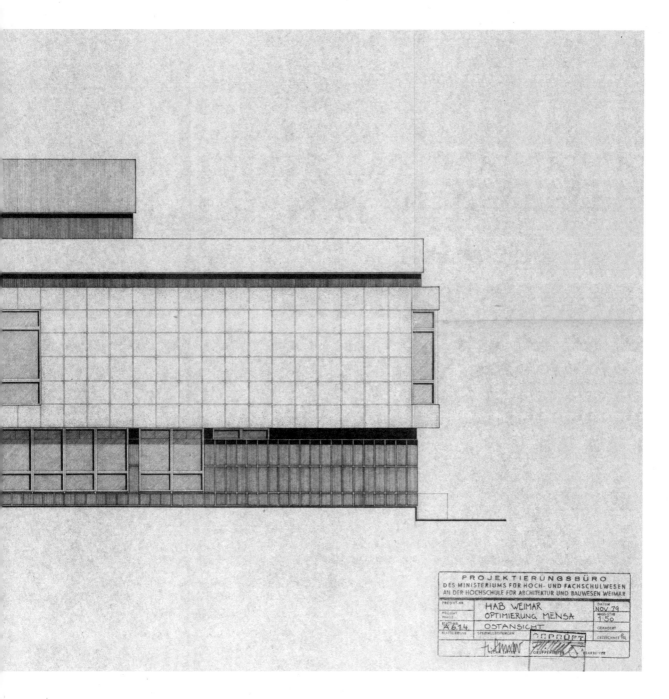

PROJEKTIERUNGSBÜRO
DES MINISTERIUMS FÜR HOCH- UND FACHSCHULWESEN
AN DER HOCHSCHULE FÜR ARCHITEKTUR UND BAUWESEN WEIMAR

PROJEKT-NR.	HAB WEIMAR	DATUM NOV 79
PHASE	OPTIMIERUNG MENSA	MASS-STAB 1 50
BLATT-NR. A 6.14	OSTANSICHT	GEÄNDERT
BLATT-FOLGE SPEZIALLEISTUNGEN	GEPRÜFT	GEZEICHNET

Südansicht 1979

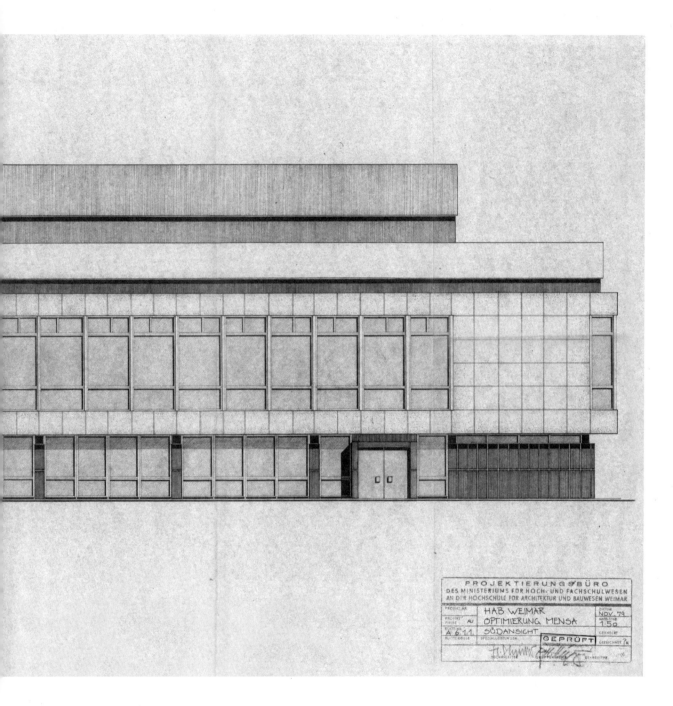

Kirsten Angermann

Westansicht 1979

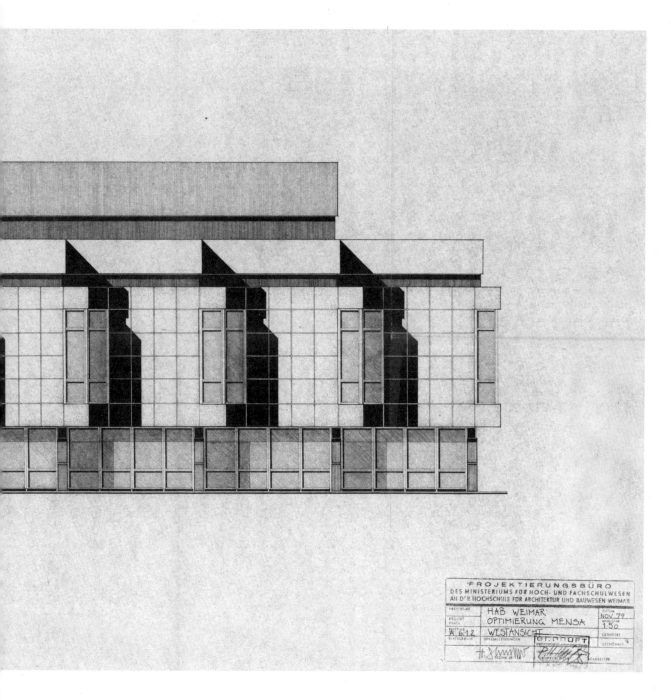

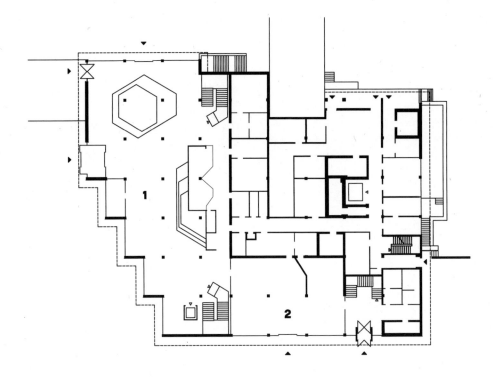

Am

16. November 1982 wurde die Mensa feierlich eröffnet. Die Außenraumgestaltung erfolgte bis 1984 nach den Plänen des Landschaftsarchitekten Professor Hubert Matthes, der zuvor unter anderem für die Freiflächen am Fuß des Berliner Fernsehturms verantwortlich zeichnete.

In

ihrem bisher drei Jahrzehnte umfassenden Nutzungszeitraum hat die Mensa diverse bauliche Veränderungen erfahren. Die wesentlichen Gestaltabsichten sind jedoch nach wie vor erkennbar. So lassen die öffentlichen Bereiche, sowohl im Erd- als auch im Obergeschoss, durch eine Vielzahl an Durchblicken den Eindruck fließender Räume entstehen. Dieser wird durch die Ausblicke in den Park und die Umgebung noch verstärkt; an vielen Stellen sind Durchblicke durch die gesamte Gebäudetiefe möglich. Das Wechselspiel von geschlossenen Wandscheiben und raumhohen Verglasungen ist auch im Inneren sehr wirkungsvoll. Im großzügigen Foyer sind die nach Westen orientierten Außenwände raumhoch verglast, während sich nach Süden Wandscheiben staffeln, die mit Oberlichtern versehen sind. Auf Höhe der Unterkante dieser Oberlichter endet jeweils die Verkleidung der Stützen im Foyer. Bei eingehender Beschäftigung mit dem Gebäude erschließen sich überdies eine Vielzahl von Bezügen innerhalb der Gestaltung, die ihren Ursprung in einer mit Sorgfalt und Bedacht entstandenen Planung haben. So sind auch die Heizkörper jeweils mit Bezug zur Fassade angeordnet. Materialien finden wiederkehrende Verwendung, wie der schon in der Fassade vorkommende dunkle Kunststein, der ebenso für die Stützenverkleidung, die umlaufende Sockelleiste und die Stufen der Treppenaufgänge genutzt wurde. Auch die zwei zentralen Podeste sind mit diesem Material belegt und heben sich somit vom

Grundriss Erdgeschoss — Foyer (1), Cafeteria (2)

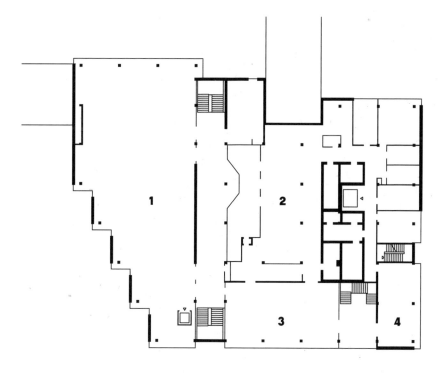

eher herkömmlich anmutenden Terrazzofußboden mit roten und schwarzen Zuschlägen ab. Die Kombination von industrieller Massenware und individuelleren Erzeugnissen wurde auch bei der ursprünglichen Innenausstattung zum Prinzip. Während für die Speiseräume im Obergeschoss eine verbreitete Möbelserie — im ehemaligen Restaurant und im Klubraum immerhin in der gepolsterten Variante — zum Einsatz kam, wurden für die Cafeteria eigens Stahlrohrmöbel entwickelt. Den Entwurf lieferte der „Innenprojekt"- Mitarbeiter Helmut Hengst. Die Hocker und Tische ähnelten Möbelentwürfen der Bauhäusler Mart Stam und Marcel Breuer. In Ermangelung anderer Materialien besaßen sie ein Gestell aus gebogenen Heizungsrohren, deren gegebener Durchmesser eher überdimensioniert wirkte. Die Hocker waren mit grüner LKW-Plane bespannt, während man auf den Tischen weiß lackierte Spanplatten montierte. Korrespondierend zur Gestalt der Möbel war auch die Thekeneinrichtung orthogonal arrangiert; Aufnahmen aus den 1980er Jahren zeigen selbst Pflanztöpfe in rechteckiger Ausführung.

Sowohl

die Originalmöblierung als auch die bauzeitlichen Ausgabetheken sind nicht erhalten. Bewahrt wurde jedoch die vermutlich prägendste Ausstattung des Gebäudes, das Stabgitter-Kugelleuchten-System an der Decke des Speisesaals. Es war ursprünglich für den Palast der Republik in Berlin entwickelt worden. Für die Weimarer Mensa kam eine Ausführung mit teils golden-eloxierten Verbindungsstäben zum Einsatz. Das Leuchtensystem ist im Obergeschoss zudem im ehemaligen Restaurant und im Klubraum montiert. In den Treppenaufgängen existierten ursprünglich räumliche Stabkonstruktionen des gleichen Systems, wobei die Kugelleuchten sowohl vertikal als auch horizontal angeordnet waren.

Die
ursprüngliche Eingangssituation, zwischen aus der Fassaden-
flucht ragende Wandscheiben gesetzte Doppeltüren, ist nur im Süden vom
Park kommend erhalten. Von der Zuwegung aus der Marienstraße wurde sie
durch einen Windfang mit Automatiktüren ersetzt. In ähnlicher Weise wurden
Eingänge vom Innenhof und von der Außenterrasse ergänzt. Auch der am
Haupteingang angebrachte Schriftzug mit aufgesetzten Einzelbuchstaben
wurde sukzessive entfernt.

Als
gravierendste Veränderung erweist sich die Aufgabe des ursprünglichen Farbkonzeptes der Innenräume. Der Aufgang aus dem Foyer in das
obere Geschoss fand in heller werdenden Wandfassungen seine farbliche
Entsprechung. Das eher niedrige Foyer war mit seinen Terrazzobelägen recht
dunkel gehalten. Kontrastierend wirkten die weißen Lochblechkassetten der
Decke, deren bauzeitlicher Glanz durch einen neuen Anstrich bereits verloren
ging. Die Farbfassungen der nach Süden orientierten Wandscheiben staffel-
ten sich in mehreren Gelbtönen. Die rückwärtige Wand des Treppenaufgangs
war schließlich in dunklem Grau gehalten. Heute zeigen sich alle Wandober-
flächen indessen in einheitlichem Weiß. Einen farblichen Akzent bilden bis
heute die Geländer der Treppenaufgänge, deren orange-roter Anstrich sich
gut von den dunklen Kunststeinstufen abhebt und dem Besucher den Weg zur
Essenausgabe signalisiert. Die Putzoberflächen im Speisesaal waren schließlich in Gelb gehalten. Vor diesem Hintergrund kann schon die mittlerweile
eingesetzte, doch recht bunte Bestuhlung als störend empfunden werden.

War
die Intention der Mensa, als Zentrum des studentischen und akademischen Lebens der Hochschule zu dienen, so drückt sich dies bis heute
in der Gestaltung aus. Die polygonalen Podeste im Foyer dienten als Bühne
respektive als Zugang zur Ausgabestelle für Essenmarken und zur Garde-
robe. Die nachträglich eingerichtete Kaffeebar auf dem nördlichen Podest
ist als eher etabliert anzusehen. Der Einbau eines Copyshops hinter dem
zentralen Podest stört das Erscheinungsbild des Foyers hingegen ebenso wie
die für Serviceeinrichtungen des Studentenwerks abgeteilte „Info-Take" auf
der rechten Seite des Eingangs. Auch die im oberen Speisesaal eingefügte
raumteilende Faltwand und das Stuhllager, vor dem in der gleichen Breite
eine Bühne errichtet werden konnte, entsprechen der Nutzung in den 1980er
und 1990er Jahren. Von Vergnügungsveranstaltungen wie dem mittlerweile legendären Mensafasching bis hin zu Immatrikulationsfeiern und den
Bauhauskolloquien diente die Mensa als zentraler Veranstaltungsort und
wurde in dieser Funktion erst im Jahr 2005 mit der Einweihung des neuen
Audimax abgelöst.

Die
besondere gestalterische Qualität der Mensa am Park wurde 1983
mit der Verleihung des Architekturpreises des Bezirks Erfurt an die beteiligten
Planer Peter Klaus Kiefer, Anita Bach, Kurt Lembcke und Peter Groß als Bauleiter gewürdigt. Die Eintragung als Baudenkmal im Jahr 2011, weniger als
30 Jahre nach Fertigstellung, bestärkt diese Einschätzung und verlangt nun
geradezu nach einer fach- und denkmalgerechten Sanierung.

Baukonstruktionen vor Ort[1]

Vom Fügen der Teile

Martin Pietraß

Montage der ersten Hauptstützen, 1980

Dass
für die Hochschule für Architektur und Bauwesen (HAB) Weimar eine neue Mensa gebaut werden soll, erfuhr ich schon im Oktober 1972, als meine Assistententätigkeit am Lehrstuhl für Industriebau der damaligen Sektion Architektur begann. Aus Dresden kommend, hatte ich die große Mensa dort in der Mommsenstraße in guter Erinnerung und war schon ein wenig erstaunt, dass es in Weimar sogar noch getrennte Mensen für die Mitarbeiter und die Studierenden gab. Im Erdgeschoss des kleinen Van-de-Velde-Baus, in der Marienstraße 5 und im Souterrain der Coudraystraße 13 wurde gegen Marken Essen ausgegeben. So ist es rückblickend angenehm, an der Verbesserung dieser Situation auch ein klein wenig mitgewirkt zu haben.

Dazu
ist es eher zufällig gekommen. Nach vier Jahren Assistententätigkeit war es üblich, dass, wer Ambitionen hatte, langfristig lehrtätig an der Hochschule zu bleiben, mehrjährige Praxiserfahrungen nachweisen musste. So wechselte ich 1977 planmäßig in das Projektierungsbüro des Ministeriums für Hoch- und Fachschulwesen (MHF) für Hochschulbauten/Außenstelle Weimar in der Bodestraße 1.[2] In mehreren Planungsteams wurden dort die unterschiedlichsten Gebäude für Hoch- und Fachschulen der DDR geplant und deren Realisierung begleitet.

---

1   Seit 2006 wurden im Rahmen des Seminars „Baukonstruktionen vor Ort" an der Bauhaus-Universität Weimar etwa 170 Baustellenbesuche mit ca. 400 Studierenden in Weimar, Erfurt und Jena durchgeführt.

2   Die Gebäude Bodestraße 1 und 2 wurden später als Arbeitsräume der Architekturfakultät genutzt und 2012 abgerissen.

Martin Pietraß

Ausfachen des Stahlskeletts, 1981

Befestigung der Fassadenplatten aus Waschbeton, 1981

Martin Pietraß

Ganz

kurzfristig und zeitlich begrenzt bot sich für die HAB die Chance, eine seit den 1960er Jahren nur auf dem Papier und in verschiedenen Modellen existierende „Neue Hochschul-Mensa" endlich zu realisieren. Nach der ersten Euphorie wurde bald deutlich, dass so gut wie alle vorhandenen Planungen aus den verschiedensten Gründen nicht realisierungsfähig waren. Also musste über Nacht ein neues Projekt, das heißt eine neue Entwurfs-, Genehmigungs- und Ausführungsplanung her. Und auch quasi über Nacht wurde die „Planungsgruppe Mensa" zusammengestellt und der erfahrene Architekt Klaus Peter Kiefer zu deren Leiter mit relativ großer Handlungsfreiheit gemacht. Er entwickelte die Mensa neu, und mir als einem jungen, noch unerfahrenen Architekten von 30 Jahren wurden die beiden angrenzenden Bauteile, das Ambulatorium und der Verbinder zum Hörsaalgebäude, zur planerischen Überarbeitung zugeteilt. „Integrierte Planung" würde man das heute nennen, für mich war es jedoch eher learning by doing, und das mitunter ganz heftig. Plötzlich hatte jeder Strich eine dreidimensionale Bedeutung und entwickelte oft auch ein unterschätztes Eigenleben. Da spürte ich zum ersten Mal, was das Wort „generalistisch" mit Blick auf den Architektenberuf eigentlich bedeutet, und auch Vitruv tauchte mit seinem ehernen Leitsatz „firmitas-utilitas-venustas" immer öfter aus dem Langzeitgedächtnis auf und bekam eine Struktur. Diese frühen Erfahrungen wurden schließlich prägend für das zugleich gestalterische und konstruktive Erwägen, wie ein bestimmtes Detail dann tatsächlich auf der Baustelle gebaut werden kann und sich dort auch dauerhaft bewährt. Aber auch das exakte Hineindenken in Elementelisten, Einbauteile, Beschläge, rechts, links und so weiter wurde nachhaltig geschult, denn Fehler hatte man schließlich in kürzester Zeit selbst auszubügeln.

Gut

in Erinnerung ist mir noch ein solcher Fehler, den ich wohl in einem Elementeverlegungsplan der Dachdecke verzapft habe. Die Lage der Spannbeton-Dachkassettenplatten über der Lüftungszentrale, mit großen Aussparungsöffnungen für die Ablufthauben, war irgendwie spiegelverkehrt auf den Verlegeplan geraten. Als ich das bemerkte, dachte ich, dies mit einem kurzen Anruf bei der Bauleitung klären zu können. „Die Platten mit den großen Löchern werden gerade montiert", hörte ich vom anderen Ende der Leitung. „Wenn Du das noch ändern willst, musst Du das selber mit den IMO-Monteuren klären."[3] Nach einem kurzen Schweißausbruch war mir klar: Sofort handeln tut Not, noch bevor die Ankerstellen der Decken an die Unterzüge geschweißt werden. Zum Glück war die Entfernung von der Bodestraße zur Baustelle mit dem Fahrrad in wenigen Minuten zu bewältigen. Mit blauem Helm und rotem Kopf konnte das gerade noch in einem meinerseits etwas demütigenden und seitens des Montageleiters eher rauen Gespräch jedenfalls rechtzeitig geklärt werden. Mit einem Kasten Feierabendbier und einem freundschaftlichen Händedruck wurde die Sache schließlich aus der Welt geschafft.

Die Küchenbrigade besichtigt
die Baustelle, 1982

Martin Pietraß

Die Terrazzoplatten für die
Fussböden wurden auch
„Blutwurstplatten" genannt, 1982

Aufbau der Leuchten
im großen Speisesaal, 1982

Martin Pietraß

Bei

mir hat sich fest eingeprägt: Fehler können passieren, aber damit
offensiv und selbstkritisch umzugehen, ist höchst selten falsch. Schließlich lernt
man dadurch die Arbeit der anderen genauer zu schätzen und den Prozess
des Bauens mit seinen kleinen Tücken insgesamt immer besser zu verstehen.

Vielleicht

lag in dieser Episode der gedankliche Grundstein, Bauprak-
tisches auch in die anschließende Assistententätigkeit stärker einzubeziehen.
Dies wurde zunächst in den Industriebau-Exkursionen praktiziert, bei denen
möglichst immer auch Baustellenbesuche zum Programm gehörten, und seit
2005 im seitens der Studierenden sehr geschätzten „Bauko vor Ort". Es scheint
wohl wichtig zu sein, neben theoretischen Kenntnissen auch möglichst viele
praktische Grunderfahrungen zu machen, das heißt zu begreifen, wie tatsächlich gebaut wird und dass es geschickte Hände und gute Köpfe braucht, um
ein gelungenes Gebäude in, oder besser: auf die Welt zu setzen.

Bis

zur endgültigen Fertigstellung riss der Kontakt zur Baustelle Mensa nie ganz ab. Entweder gab es Nachfragen zur Werkplanung oder man
traf sich zu mehr oder weniger freiwilligen Arbeitseinsätzen auf der Baustelle. Diese Subbotniks[4] gehörten wohl in jedes Wettbewerbsprogramm der
Gewerkschaftskollektive oder der Seminargruppen im Realen Sozialismus,
denn „gekämpft" wurde irgendwie immer um irgendeinen Titel, zum Beispiel
„Kollektiv der sozialistischen Arbeit" oder „Sozialistisches Studentenkollektiv".
Dadurch entstand beiläufig sowohl bei den Studierenden als auch bei den
Mitarbeitern eine emotionale Bindung an das Bauvorhaben. Dass dabei etwas Bleibendes geschaffen wurde, kann ich noch jetzt täglich erleben, denn
die Wandbegrünung mit Wildem Wein im Durchgang von der Marienstraße
zum Mensahaupteingang wurde durch einen Arbeitseinsatz der Seminar-
gruppe 1/83/C gepflanzt.

4 Subbotnik (von russisch subbota „Sonnabend"): Im Sozialismus unbezahlter
Arbeitseinsatz ausserhalb der Arbeitszeit

Cafeteria (links) und Südtreppe (rechts), 1982

Peter Groß

Obergeschoss (links) und Restaurant (rechts) , 1982

Vor der Eröffnung

Essenausgabe (links) und Küche (rechts), 1982

Peter Groß

Rektorraum, 1982

Peter Groß

im Gespräch

mit

Florian Kirfel

Peter Groß bei der Vorstellung der Ergebnisse des
Mensa-Seminars im Clubraum der Mensa, 26.01.2011

Herr

Meine   **Professor Groß, was war Ihre Funktion beim Bau der Mensa am Park?**

Hauptaufgabe bestand darin, für den Hauptauftragnehmer (HAN) Bau in der Position als Oberbauleiter die bauliche Realisierung zu managen. In dieser Zeit war ich Betriebsangehöriger des mit der HAN-Funktion beauftragten Betriebes VEB Kreisbau Weimar-Land. Während meiner Oberassistententätigkeit am von Frau Prof. Anita Bach geleiteten Wissenschaftsbereich (WB) Ausbau an der Sektion Architektur der HAB Weimar waren die dortigen Mitarbeiter/-innen über das Vorhaben Mensa informiert und wurden teilweise, wie ich, mit innenprojektrelevanten Teilaufgaben betraut. Die Architektin Anita Bach leitete parallel zu Ihrer Tätigkeit als Hochschullehrerin die Projektierungsgruppe des Ministeriums für Hoch- und Fachschulwesen an der HAB Weimar und zeichnete damit auch verantwortlich für das Projekt „Mensa am Park" in Weimar. Über diese Vernetzung kam ich quasi zu einer weiteren mensabezogenen Funktion: zur Mitarbeit in der Beratungsgruppe des Rektors zum Bauvorhaben „Mensa am Park".

Und

Ihre   **wie wurden Sie dann Bauleiter?**

Frage ist berechtigt. Es ist sicherlich nicht das Ziel eines Architekten, hauptamtlich in der Realisierungsphase direkt im Baubetrieb tätig zu werden. Der damalige Rektor Prof. Karl-Albert Fuchs bat mich mit sinngemäßer Begründung, die Leitung zu übernehmen: „Der Baubetrieb hat keine geeignete Persönlichkeit, Sie besitzen Erfahrungen als Oberbauleiter, sind durch Ihre Hochschultätigkeit im WB von Anita Bach an das Projekt angeschlossen und sind Mitglied meiner Beratungsgruppe Mensa." Ich bin heute noch der Meinung, dass der Baubetrieb mit dem Argument, keine befähigte Person zu haben, nur die HAN-Verantwortung umgehen wollte. Einen an der Mensa interessierten Mitarbeiter an verantwortlicher Stelle beim HAN sitzen zu haben, war wohl für den Rektor auch nicht die schlechteste Variante.

War

es nicht ein Widerspruch, nur die Interessen des Auftragnehmers
Natürlich. **zu vertreten?**

Aber diese Frage müsste ich Ihnen aus mehren Blickrichtungen beantworten, sie kann nicht nur auf das Vorhaben Mensa projiziert werden. Rechtlich, wirtschaftlich, technologisch, personell hatte ich vollinhaltlich die Interessen des beauftragten Baubetriebes zu vertreten. Wenn Sie mir die Frage zur Situation stellen: Ein Architekt realisiert die Architektur eines Kollegen, dann habe ich, wenn ich auf der Auftragnehmerseite stehe, das Werk der Projektautoren zu akzeptieren, zu respektieren. Ich sollte es studieren, die architektonischen Absichten erkennen, verinnerlichen und mich qualifizieren, es richtig interpretieren zu können. Solche Ausflüge in die Bauindustrie sollten in meinem Berufsweg jedoch keine Dauertätigkeiten werden.

Lassen

Sie uns über die Architektur der Mensa sprechen. Ihre Bilder von
der gerade fertiggestellten Mensa verraten ja eine Sympathie für die
Sie **neue Architektur.**

meinen die Fotos? Die Fotos hatten mehrere Gründe. Zum einen waren sie Bestandteil für ein Bildbautagebuch: Baufortschritt, Bautechnologie, wichtig erscheinende Baudetails und Selbsthilfeaktionen der HAB-Kolleg/innen und -Studierenden wurden festgehalten. Das fertige Objekt wurde fotografisch dokumentiert. Ich wollte den Erstzustand festhalten, wohl wissend, dass das Bauwerk im Laufe der Zeit Veränderungen und Verschleiß unterliegen wird. Dass dabei die Fotos auch Lust zum Anschauen machen sollten, hängt mit meinem Beruf und natürlich mit der Identifikation mit dem Objekt zusammen, an dem ich mit tätig sein durfte. Obwohl die Dokumentation im Vordergrund stand, wurde Architekturfotografie angestrebt.

Von

der Mensa waren Sie also so angetan, dass Sie sie als Architektur
Richtig! **fotografiert haben?**

Und ich bin heute froh, dass die Mensa nicht dem Bauhaus-Museum weichen musste. Ich bin sogar überzeugt davon, dass Walter Gropius dieses multifunktional nutzbare Haus mit seinem fließenden, lichtdurchfluteten Raumkonzept gern für seine Studierenden zur Verfügung gehabt hätte. Meine Begeisterung bedeutet aber nicht, dass wir, die Projektautoren, Auftraggeber, Auftragnehmer, alles richtig gemacht haben.

Ein

Es **Beispiel?**

ist schwierig, Beispiele zu nennen. Dazu gehören jeweils Geschichten. Alles das, was wir gemeinsam taten, Projektverantwortliche, Auftraggeber und Auftragnehmer, hing mit den uns zur Verfügung stehenden Mitteln und Möglichkeiten zusammen.

Welche
waren Ihre architektonischen Vorbilder, als Sie die Mensa
gebaut haben? Könnten zum Beispiel die späten Arbeiten von Arne
Diese **Jacobsen Sie hier in Weimar beeinflusst haben?**

Frage müssen Sie zuerst den Projektautoren stellen. Ich versuche Ihnen
eine allgemeine Antwort zu geben. Hermann Henselmann versuchte als Di-
rektor (1945–1949) der Staatlichen Hochschule für Baukunst und Bildende
Künste in Weimar, ausgehend vom Bauhausgedanken, die Lehre zu entwi-
ckeln. Wir wissen, dass das nicht dauerhaft gelang. Bis etwa Ende der 1950er
Jahre wurde das Bauhaus in der DDR ignoriert. Es gab Schwierigkeiten mit
der politischen Einordnung. Später näherte man sich langsam einer Auseinandersetzung mit dem Bauhaus. Aber es war nie wirklich weg. Ich erlebte
zum Beispiel hier in Weimar noch Hochschullehrer, die am Bauhaus studiert
hatten. Der Geist der Klassischen Moderne lebte in diesen Mauern und öff-
nete uns zunehmend den Blick auf die internationale Moderne. Das Werk von
Arne Jacobsen, Oscar Niemeyer, Richard Neutra, Konrad Wachsmann usw.
war uns auch schon als Studenten vertraut. Über unsere Hochschulbibliothek
waren wir an den internationalen Stand angeschlossen. In den Entwürfen für
die Mensa erkennt man unterschiedliche Ansätze. Den Vorentwurf von Peter
Klaus Kiefer (1973) hätte ich zum Beispiel gern realisiert. Der Entwurf hatte
etwas von Mies van der Rohe. Viel Glas, erlebbare Konstruktion, die Mensa
hätte sich somit stärker der Natur untergeordnet, ohne sich dabei als Gebäude im Landschaftsraum aufzugeben. Die damalige Forderung nach mehr
Abstand zum Liszt-Haus und zum Gärtnerhaus sah ich als berechtigt.

Also
wenn es nach Ihnen gegangen wäre, dann hätte das Gebäude
noch moderner, noch transparenter sein können?

Ja! Ich habe immer noch Kiefers Vorentwurf vor Augen.

Sie
hatten also die architektonischen Bilder und mussten dann aber
Kompromisse eingehen, improvisieren.

Vielleicht redet man besser über Abwägungen. Eine Entscheidung für alle
Beteiligten war: Wir dürfen bauen, also müssen wir anfangen zu bauen.
Wenn wir das nicht tun, begeben wir uns in Gefahr, dass uns aufgrund anderer Ereignisse und Bedingungen die Chance, die Mensa zu bauen, wieder
entzogen wird. Tatsächlich waren wir zu einem späteren Zeitpunkt einmal
ganz nahe an einem solchen kritischen Punkt. In der DDR wurden 1980 ganz
kurzfristig Investitionsüberprüfungen angesetzt. Es sollte geprüft werden,
welche Bauvorhaben eingestellt oder zeitlich verschoben werden können.
Wir hatten zu dieser Zeit nicht viel mehr als Bauvorbereitungsmaßnahmen,
Materiallagerungen, Baugrubenaushub und die Schalungsvorbereitung für
Gründungsarbeiten zu bieten. An einem Freitagnachmittag erfuhren wir über
Hintertüren, dass uns auch eine Kontrolle drohte. Meine Mitarbeiter und ich
überzeugten und mobilisierten sofort die Arbeitskräfte mit dem Ziel, über das
Wochenende sämtliche Fundamente und möglichst viel von der Bodenplatte
zu betonieren. Wir mischten unseren Beton übrigens selbst. Nach durchgän-
gigen Tag- und Nachtschichten war in der Sonntagnacht unser Ziel erreicht.
Wir hatten ein Faktum geschaffen, das keine Baustellenschließung zuließ.

Florian Kirfel

Trotz der einzugehenden Kompromisse war es unser aller Ziel, als Ergebnis eine Mensa zu übergeben, die mit Stadt und Park gleichermaßen vereinbar ist, die von der Hochschule multifunktional genutzt werden kann und die ein durchgängiges architektonisches Konzept erkennen lässt.

Wie
hart haben Sie damals diskutiert, wenn es um Kompromisse ging, wie
Diese **zum Beispiel bei der Säulenverkleidung?**
Lösung schmerzt mich heute noch. Um zeichenhaft auf die Tragstruktur zu verweisen, wäre eine Metallverkleidung eine Option gewesen. Aus Beschaffungsgründen stand diese Variante gar nicht erst zur Diskussion. Andere Bauteile mit geringer Materialstärke waren nicht zu beschaffen. Uns wurde ein örtliches Betonwerk vermittelt, welches Rohbauteile, Treppen, Treppenstufen herzustellen in der Lage waren. Unsere Diskussion endete an dieser Stelle. Für mich war die realisierte Lösung kein Kompromiss. Das Verrückte ist, dass dieses Detail von vielen Besucher/innen und Nutzer/innen gar nicht als ungelöst wahrgenommen wird.

Es
wird die Geschichte erzählt, dass die Leuchten aus der Produktions-
Diese **charge für den Palast der Republik in Berlin abgezweigt wurden?**
Geschichte ist falsch. Ich selbst verhandelte beim VEB Leuchtenbau Leipzig. Unrealisiert blieb unser Wunsch nach farbiger Behandlung.

Wie
Als **sehen Sie die Mensa heute?**
erhaltenswert. Die ursprünglichen Zielstellungen erfüllt das Haus immer noch. Es gibt relativ wenige Abnutzungserscheinungen. Dass Reparatur-, Erhaltungs-, Sanierungsmaßnahmen und Erneuerungen nach 30 Jahren notwendig werden, ist normal. Das Haus wird über die Mensafunktion hinaus als Kommunikationspunkt und Studentenhaus wahrgenommen. Aber ich bedaure die Schilder „Nur für Hochschulangehörige". Das Haus verlangt nach Vermischung, nach Öffentlichkeit, nach dem Eintritt von Parkbesuchern. Wichtig ist, dass Foyers, Cafeteria, Speisesäle und Treppenanlagen ein fließendes Raumensemble bleiben, eine zusammengehörige Innenraumplastik, denn das ist das Besondere der Weimarer „Mensa am Park". Dieses Konzept muss in vollem Umfang erhalten werden. Dass die „Mensa am Park" nicht nur eine Idee, ein Wunsch geblieben ist, dass ein Haus entstand, über das man redet, ist einem großen Engagement vieler Mitarbeiter/innen der Hochschule für Architektur und Bauwesen zu verdanken. In diesem Zusammenhang sollten Sie Dr. Heiko Schultz erwähnen — den heutigen Kanzler der Bauhaus-Universität Weimar —, der damals als Chef des Bereichs Hochschulbauten an der HAB mit seinem Kollegium die Auftraggeberseite schöpferisch und mit großer Leidenschaft vertrat und aus dieser Funktion heraus den Bau koordinierte.

Vielen
Dank

Essen, Tagen Feiern,

Geplante und gelebte Vielfalt in der Mensa am Park

M o r i t z F r i t z

Das

schon am Anfang des Buches erwähnte Beispiel der ehemaligen Bauhaus-Kantine zeigt neben der Wichtigkeit der kontinuierlichen gedanklichen Rehabilitation eines Bauwerks noch etwas Anderes: Die herausgestellte sozial-gesellschaftliche Funktion einer Mensa.

So

ist es nicht verwunderlich, dass die Schaffung einer zentralen Versorgungseinrichtung eine der ersten Maßnahmen des jungen Bauhauses gewesen ist und die Kantine damit zur „ersten originären Bauhaus-Einrichtung"[1] überhaupt wurde. Neben der primären Funktion einer kollektiven Verpflegung, trägt die Einrichtung Mensa seit jeher zu einem starken sozialen Miteinander bei. Sie ist alltäglicher Treffpunkt, Ort des Austausches; das soziale Herz einer Hochschule. Und dabei genießt sie im akademischen Leben eine interdisziplinäre Neutralität.

Nach

der Eröffnung im November 1982 wurde die Mensa am Park schnell zum Vorzeigeobjekt in der Weimarer Hochschullandschaft und somit auch ein gern genutzter Ort für kulturelle, akademische, politische und kulinarische Veranstaltungen. Das Gebäude erfüllte damit ganz die Intention der Planer, mehr zu sein als nur Versorgungsstätte: eine „Club-Mensa".

1   Volker Wahl (Hg.): *Die Meisterratsprotokolle des Staatlichen Bauhauses Weimar 1919 bis 1925*; Verlag Hermann Böhlaus Nachfolger, Weimar, 2001, S. 388

Moritz Fritz

Mensa wird Club: Aufbau zum Mensafasching 1999 (oben),
Erste akademische Großveranstaltung: Bauhauskolloquium 1983 (unten)

Erstmals

auf die Probe gestellt wurden die Club-Qualitäten bereits im Februar 1983, als der noch junge Weimarer Mensa-Fasching aus der Mensa in der Coudraystrasse in die das neue Haupthaus am Park zog. Mit aufwendig gebastelten Kulissen wurde die Mensa bei laufendem Betrieb dem jährlichen Motto entsprechend zu phantasievollen Themenwelten umgestaltet. So wurde mal am Strand, im Weltall oder auch in Nachbarschaft barbusiger Damen zu Mittag gegessen. 2006 wurde der mittlerweile über die Grenzen Thüringens bekannte Mensafasching Opfer seines eigenen Erfolgs und musste aus der Mensa am Park ausziehen. Gefeiert wird nun an anderer Stelle, der Name Mensa-Fasching blieb trotzdem.

Mit

dem 3. Bauhauskolloquium zog im Juli 1983 wieder akademischer Ernst in die Mensa ein und zeigt, dass auch universitäre Großveranstaltungen hier einen würdigen Platz fanden. Bis zur Eröffnung eines neuen Audimax im Jahr 2005 verteidigte die Mensa ihre Position als wichtigster Veranstaltungsraum der Hochschule. So wurden Generationen von Studenten mit der Immatrikulationsfeier hier in den Schoß der Alma Mater aufgenommen und ein Teil von Ihnen an gleicher Stelle mit der Diplomübergabe wieder entlassen. Ermöglicht wurden diese Veranstaltung erst durch die Architektur des Gebäudes. Denn dass der Speisesaal stützenfrei ausgeführt wurde, war eine bewusste Entscheidung der Planer.

Die

große Bedeutung der Mensa im universitären Alltag ließ das Gebäude auch zu einer politischen Bühne werden. 1984 noch für die Feierlichkeiten zum 35. Republikgeburtstag genutzt, wurde die Mensa 1990 Austragungsort des Konzils der Hochschule für Architektur und Bauwesen, das die demokratische Neuausrichtung der Hochschule beschloss. Mit den großen Streiks von 1997 und 2003 zum Thema Hochschulgebühren eigneten sich auch die Studenten den Ort als Forum an.

Nach

der politischen Wende ergaben sich schnell zahlreiche Möglichkeiten, die Mensa — als einer der größten Veranstaltungsräume in Weimar — für externe Veranstaltungen bei voller Verpflegung zu vermieten. Neben dem deutschen Ärztekongress und dem Deutschen Olympischen Sportbund war auch Coca-Cola zu Gast. Die Liste der externen Nutzer ließe sich unendlich fortführen. Gregor Gysi und Gunther Emmerlich tranken hier schon Kaffee, wie man heute stolz zu berichten weiß.

Auch

wenn der Begriff „Club-Mensa" über die Jahre außer Mode gekommen ist, so hat sich dessen inhaltliche Bedeutung stets den jeweiligen Bedürfnissen angepasst.

So

sang nicht nur Veronika Fischer anlässlich des alljährlichen Weimarer Zwiebelmarktes im großen Speisesaal ihren Schlager „Auf der Wiese haben wir gelegen" sondern auch die versammelte Studierendenschaft an

Moritz Fritz

selber Stelle: „Wir sind hier, wir sind laut, weil man uns die Bildung klaut." Kaum vorstellbar, dass ein anderer Ort an der Hochschule diese Nutzungen nebeneinander ermöglicht hätte. Aber nicht nur die Art der Nutzung hat sich über die Jahre weiterentwickelt. Auch ein Studentenbauch lässt sich schon lange nicht mehr mit einem Einheitsessen abspeisen.

Waren

es in der Bauhaus-Kantine noch überwiegend Kohlgerichte, die nicht ohne reichlich Knoblauch auskamen und teils nach den Regeln des Mazdaznan[2] zubereitet worden waren, so wurde zu DDR-Zeiten das so genannte Studentenschnitzel (panierter Schweinebauch) ein echter Klassiker. Mit Starthilfe durch die Kollegen der Marburger Mensa wurden diese, meist noch aus Schweinehälften produzierten Gerichte, nach dem Fall der Mauer abgelöst von einem Convenience-Lebensmittel mit dem Namen „Hähnchenschnitte Diana". Aber auch Mahlzeiten wie Tofu in Sesam-Tempura mit Tomaten-Gemüsesugo an Vollkornspirale haben mittlerweile Eingang in den wöchentlichen Speiseplan gefunden und belegen, dass die Mensa am Park eine Einrichtung für alle Geschmäcker ist.

Fuhren

die Studentenschnitzel noch gegen Abgabe von Essensmarken vom Laufband, so bedient sich der moderne Studierende selbst an der Theke, um seinen Salat mit Mozzarellabällchen aufzupeppen. Auf dem Weg zum Sitzplatz an einem der großen Fenster mit Blick in den Park hallt ihm dann ein „Schönen Dank und schönen Tag noch" hinterher, bevor er zufrieden Platz nimmt in der Mensa am Park in Weimar.

2 Andreas Hüneke (Hg.): *Oskar Schlemmer. Idealist der Form. Briefe. Tagebücher. Schriften. 1912-1943*; Reclam-Verlag, Leipzig, 1989, S. 79

„Studiengebühren sind Müll", 1997 (oben)
„Too old to rock'n'roll, too young to die", 1999 (unten) — Jede Generation hat ihre Sorgen

Denkmal pfad

Eine Chronologie

August 1954

Planungen zur Vervollständigung des bereits fertiggestellten Hörsaalgebäudes und Seminarflügels an der Marienstraße durch ein Auditorium Maximum mit integrierter Mensa im Stil der Nationalen Tradition an dem Standort der heutigen Mensa am Park. Entwurfsverfasser: Professor Emil Schmidt.

—

September 1969

Überarbeitung der städtebaulichen Idee des Auditorium Maximum am Park durch das Projektierungsbüro des Ministeriums für Hoch- und Fachschulwesen (MHF) an der Hochschule für Architektur und Bauwesen (HAB) im Rahmen der Studie zur baulichen Entwicklung der HAB. Leitung: Anita Bach.

—

1969

Erster Studentenwettbewerb mit der Standortoption Marienstraße 1 am Wielandplatz bzw. der Angliederung an den Kasseturm am Goetheplatz. Die Entwurfsaufgabe sieht einen Gebäudekomplex bestehend aus einer Mensa mit einer Kapazität von 4000 Essen pro Tag und einem Veranstaltungszentrum für die studentische Jugend vor.

November 1979

Überarbeitung der Ausführungsplanung. Die Mensa wird als Stahlkonstruktion mit Spannweiten bis zu 18 m und einer Fassade aus massiven Waschbetonplatten und großzügigen Verglasungen ausgeführt.

Dezember 1979

Erster Spatenstich

—

1980 – 1982

Die Baubrigaden werden durch zahlreiche Subbotniks (Arbeitseinsätze) der Studierenden und Mitarbeiter der HAB unterstützt. Die Eigenleistung der Hochschule beläuft sich durch die Mithilfe auf rund 150.000 Mark.

1980

Gründungsarbeiten

—

1981

Montage der Stahlkonstruktion

—

16.11.1982

Eröffnung und Übergabe der Mensa am Park

—

1983

Auszeichnung der Mensa am Park mit dem Architekturpreis des Bezirks Erfurt

—

05. – 07.07.1983

3. Bauhauskolloquium in der Mensa am Park — Wissenschaftliches Kolloquium an der Hochschule für Architektur und Bauwesen zum Thema: „Das Bauhauserbe und die gegenwärtige Entwicklung der Architektur". Zum 100. Geburtstag von Walter Gropius

—

06.10.1983

Am Vorabend des 7. Oktober 1983, dem 34. Jahrestag der DDR, ziehen sechs junge Weimarer, alle um die 18 Jahre alt, mit einer Spraydose durch die Stadt. An der

1991

Die Mensa wird vom Studentenwerk betrieben und unterliegt nicht mehr der Verwaltung durch die Hochschule.

—

Oktober 1995

In der Mensa beschließt das Konzil der HAB die Umbenennung in Bauhaus-Universität Weimar

—

Herbst 1997

Im Rahmen von bundesweiten Protestaktionen gegen schlechte Studienbedingungen wird auch in Weimar heftig protestiert und debattiert. Das geeignete Forum dafür ist bei schlechtem Herbstwetter mit einem Schneesturm die Mensa am Park. Hier werden auf Vollversammlungen die Beschlüsse für die Aufnahme und später für die Beendigung des Streiks gefasst.

—

31.12.2006

Fusion aller Thüringer Studentenwerke zum Studentenwerk Thüringen, das nun für die Mensa zuständig ist.

—

2008 – 2009

Neben anderen wird der Standort der Mensa am Park als potentieller Standort des neuen Bauhaus-Museums diskutiert.

—

30.05.2009

Anita Bach verfasst in einem Leserbrief mit dem Titel „Mittelpunkt für den Uni-Campus" ein Plädoyer gegen den Abriss der Mensa in der Thüringischen Landeszeitung.

—

18.11.2009

Universitäts-Rektor Gerd Zimmermann stellt einen studentischen Entwurf als Planungsgrundlage für einen Mensa- und Museumsneubau am Standort der Mensa am Park vor. Auf Grundlage des studentischen Entwurfs wird Ende November eine Bauvoranfrage bei der Stadt Weimar für einen Mensaneubau und gleichzeitigen Abriss der Mensa am Park eingereicht.

1973

Zweiter Studentenwettbewerb mit den Standortoptionen: Marienstraße 1, Kasseturm, Marienstraße 13–15 (Hörsaalkomplex), Geschwister-Scholl-Straße (vor dem Hauptgebäude) und Amalienstraße. Die Aufgabe beschränkt sich auf den Entwurf einer Mensa für 1600 Essensteilnehmer. Vorprojekt einer Mensa für den Standort Marienstraße (Hörsaalkomplex). Die Mensa für 2000 Essensteilnehmer schließt als leichte, der Moderne verpflichtete Glas- und Stahlkonstruktion das bestehende Gebäudeensemble zu zwei Höfen, welche durch einen Brückenbau voneinander getrennt werden. Verfasser: Peter-Klaus Kiefer, Arbeitsgruppe Mensa HAB.

—

Januar 1973

Studie des Projektierungsbüros des MHF zu möglichen Mensastandorten, in welcher neben zahlreichen Varianten im Bereich des Hauptgebäudes auch eine Option am Frauenplan gegenüber des Goethe-Hauses geprüft wird. Bildung einer dem Rektor unterstellten Arbeitsgruppe Mensa HAB unter der Leitung von Prof. Anita Bach. Als projektleitende Architekten sind Peter-Klaus Kiefer und Siegfried Richter bestimmt.

—

Februar 1974

Variantenuntersuchung für die Mensa am Standort Marienstraße (Standortvar. 2) mit 2000 Essensteilnehmern. Vorschlag zur Abstaffelung des Gebäudekörpers in Rücksichtnahme auf das Gärtnerhaus und einhergehende Verlagerung der Baumasse in Richtung Park. Der vorgeschlagene Grundriss entspricht in seiner funktionellen Gliederung bereits nahezu dem ausgeführten Gebäude. Verfasser Siegfried Richter, Anita Bach und Ute Probst, Arbeitsgruppe Mensa HAB.

—

1976 — November 1978

Ausführungsplanung durch das Projektierungsbüro des MHF an der HAB. Erweiterung des Raumprogramms durch die Projektierung eines HO-Restaurants für Parkbesucher, einen Clubraum und die Erhöhung der Kapazität auf 2500 Essensteilnehmer.

Mensa und vielen weiteren gut sichtbaren Hausfassaden hinterlassen sie nachdenkliche Sprüche. Darunter Wortspiele von Ernst Jandl, politische Forderungen, Bezüge zu Punkbands jener Jahre. Was Kriminalpolizei und Staatssicherheit als das „rowdyhafte Schmieren von Parolen" mit großem Ermittlungseifer verfolgten, war ein Protest gegen die staatliche Behinderung der offenen Arbeit der Kirche. Und es war eine ganz generelle Unzufriedenheit mit der „miefigen Enge Weimars", wie einer der Beteiligten heute sagt.

—

01.10.1984

„Ein großer Tag im Leben unserer Hochschule" an dem der große Saal der Mensa „bis auf den letzten Platz gefüllt" ist. So wird die Feier zum 35. Gründungstag der Deutschen Demokratischen Republik in der Hochschulzeitschrift konstruktiv beschrieben.

—

13.11.1984

Besuch von Bauhäuslern: Felix Klee (Sohn von Paul Klee) und seine Frau Livia (Tochter von Hannes Meyer) besuchen die HAB Weimar und speisen im Restaurant der Mensa am Park.

—

Herbst 1985

125. Hochschuljubiläum. Zu den Feierlichkeiten wird im Foyer der Mensa die Ausstellung „125 Jahre Tradition" gezeigt.

—

11. / 12. / 16.05.1990

Demokratische Grundordnung wird verabschiedet. Das HAB-Konzil beschließt in der Mensa die neuen Statuten der Hochschule und wählt erstmalig demokratisch den Senat, der fortan mit einer Drittelparität grundlegende Entscheidungen zur Entwicklung der Hochschule trifft.

1990er

Austausch der ursprünglichen, teilweise von Mitarbeitern der Hochschule entworfenen Bestuhlung, Umbauten an den Eingangsbereichen und Modernisierung der Küche.

31.12.2009

Start der Blog- und Diskussionsplattform www.mensadebatte.de

—

Januar 2010

Versendung eines Offenen Briefes an über 600 ProfessorInnen und MitarbeiterInnen der BUW und Veröffentlichung des studentischen Entwurfes, der als Grundlage der gestellten Bauvoranfrage dient. Gespräch mit der Hochschulleitung der Bauhaus-Universität Weimar, anschliessend Herausgabe einer Pressemitteilung an überregionale Medienvertreter.

—

18.01.2010

Es wird bekannt, dass die Landesregierung den Standort der Mensa am Park als neues Bauhaus-Museum nicht länger unterstützen wird. Die Diskussion fokussiert sich von nun an auf den Minolplatz bzw. das Zeughofgelände.

Oktober 2010 – Januar 2011

Seminar zur „Denkmalpflege der Moderne". Systematische Recherche zur Mensa, Detaillaufnahmen und bauphysikalische Untersuchungen. Sämtliche digitalisierte Entwurfs- und Planunterlagen sowie Bildmaterial vom Bau der Mensa am Park werden an das Thüringische Landesamt für Denkmalpflege und Archäologie übergeben.

—

April 2011

Die Mensa am Park wird unter Denkmalschutz gestellt und ist eines der jüngsten Kulturdenkmale in Thüringen.

—

August 2012

Der Kreativfonds der Bauhaus-Universität fördert das Vorhaben „Proaktive Denkmalpflege"

—

November 2012

30 Jahre Mensa am Park werden mit einer Aktionswoche begangen. Die Initiative mensadebatte.de wirft und realisiert eine Ausstellung im gesamten Gebäude.

Literaturhinweise

Florian Kirfel, Constanze Moneke: „Initiativen im Denkmalschutz oder: Die Frage nach dem ‚Handbuch' und der Wiederholbarkeit von Erfolg"; in: Deutsches Nationalkomitee für Denkmalschutz (Hg.): *Kommunizieren – Partizipieren. Neue Wege in der Denkmalvermittlung*, Schriftenreihe des DNK Band 82; Bonn, 2012, S.193–197

Moritz Fritz, Florian Kirfel: „Mensadebatte Weimar – Über die strategische Organisation einer Initiative und deren Rahmenbedingungen"; in: Mark Escherich (Hg.): *Denkmal Ost-Moderne*, Tagungsband; Jovis, Berlin, 2012, S.152–161

Eva von Engelberg-Dočkal, Iris Engelmann, Moritz Fritz, Florian Kirfel, Anke Schenk, Kerstin Vogel: *Die Mensa am Park*; Verlag der Bauhaus-Universität, Weimar, 2011

Moritz Fritz, Florian Kirfel, Johannes Schäfer, Johann Simons: „mensadebatte.de – Die Ungeliebten"; in: *HORIZONTE – Zeitschrift für Architekturdiskurs No. 1*; Weimar, 2010

Eva von Engelberg-Dočkal, Stephan Luck: „Die ‚Mensa am Park' in Weimar"; in: *In situ, Zeitschrift für Architekturgeschichte*, Heft 2; Worms, 2010, S.231–246

Rainer Müller, Benjamin Rudolph: „Der Campus der Hochschule für Architektur und Bauwesen in Weimar"; in: *Aus der Arbeit des Thüringischen Landesamtes für Denkmalpflege und Archäologie*, Band 36; Erfurt, 2010, S.146–168

———

Die Initiave Mensadebatte startete als eine Blog- und Diskussionsplattform zur Beförderung einer kritischen Debatte zum Umgang mit der Mensa am Park in Weimar. Im Herbst 2013 betriebene Internetseiten:

www.mensadebatte.de
www.facebook.de/mensadebatte
www.startnext.de/mensadebatte-weimar

Abbildungsverzeichnis

Kirsten Angermann

(*1986), Dipl.-Ing. Studium in Weimar. Promovendin und Wissenschaftliche Mitarbeiterin an der Bauhaus-Universität Weimar (BUW). Lebt und arbeitet in Weimar.

Frauke Bimberg

(*1987), BArch. Studium in Weimar. Masterstudentin an der BUW und an der CTH Göteborg. Lebt und arbeitet in Weimar.

Dina Dönch

(*1989), BArch. Studium in Weimar. Masterstudentin an der TU Delft. Lebt und arbeitet in Berlin und Delft.

Moritz Fritz

(*1982), Architekt. Studium in Weimar und Dublin, danach Wissenschaftlicher Mitarbeiter an der BUW. Mitbegründer der Initiative mensadebatte.de; lebt und arbeitet in Berlin.

Anika Gründer

(*1982), Architektin. Studium in Weimar und Oxford. Studium Public Art and New Artistic Strategies. Promoviert an der BUW, Wissenschaftliche Mitarbeiterin an der TU München. Lebt und arbeitet in Schloss Bedheim und München.

Florian Kirfel

(*1972), Architekt. Studium in Weimar und Kopenhagen. Fünf Jahre als Architekt in Zürich; im Anschluss Wissenschaftlicher Mitarbeiter an der BUW und an der ETH Zürich. Mitbegründer der Initiative mensadebatte.de; lebt und arbeitet in Schloss Bedheim.

Michael Ott

(*1981), Photograph. Studium Visuelle Kommunikation in Weimar und New York. Im Anschluss, neben der Photographie, künstlerischer Mitarbeiter der Prof. Grafikdesign an der Bauhaus Uni Weimar. Arbeitet zusammen mit Mathias Schmitt unter dem Alias SCHMOTT in Weimar und überall.

Martin Schmidt

(*1987), BArch. Studium in Weimar und Washington DC. Masterstudent an der BUW. Lebt und arbeitet in Weimar.

Mathias Schmitt

(*1978), Photograph. Studium Visuelle Kommunikation in Weimar, New York und Lausanne. Im Anschluss, neben der Photographie, künstlerischer Mitarbeiter der Prof. Grafikdesign an der Bauhaus Uni Weimar. Arbeitet zusammen mit Michael Ott unter dem Alias SCHMOTT in Weimar und überall.

Dr. Dr. Arne Winkelmann

(*1969), Architekt, Publizist und Kurator. Studium in Weimar und Krakau. Promotionen an der BUW und an der Humboldt Universität zu Berlin. Lebt und arbeitet in Frankfurt am Main.

Friederike Wollny

(*1989), MArch. Studium in Weimar. Lebt und arbeitet in Weimar.

Dr. Anita Bach

(*1928), Architektin. Studium in Greifswald und Weimar. Promotion an der Hochschule für Architektur und Bauwesen (HAB), später ebenda Professorin für Ausbau sowie Leiterin des Projektierungsbüros des Ministeriums für Hoch- und Fachschulwesen der DDR in Weimar. Emeritierung 1987. Lebt in Prerow.

Prof. Dr. Peter Groß

(*1940), Architekt. Studium in Weimar. Promotion und danach Oberassistent an der HAB; später Professor an der Hochschule für Technik, Wirtschaft und Kultur (HTWK) Leipzig. Emeritierung 2005. Lebt und arbeitet in Weimar.

Dr. Martin Pietraß

(*1948), Architekt. Studium in Dresden. Promotion und Oberassistent an der HAB; später Wissenschaftlicher Mitarbeiter an der BUW. Lebt und arbeitet in Weimar.

Prof. Hubert Schiefelbein

(*1930), Bildhauer. Studium in Berlin-Weißensee. Professor für Bildende Kunst an der HAB. Emeritierung 1993. Lebt und arbeitet in Neubukow.

Danksagung

 Die fast vierjährige Beschäftigung mit der Mensa am Park wurde von vielen Unterstützerinnen und Unterstützern begleitet, ohne die es dieses Buch nie gegeben hätte.

 Johannes Schäfer und Johann Simons haben die Initiative mensadebatte mit uns aus der Taufe gehoben und dem Projekt bis heute aus der Ferne die Treue gehalten, so wie Gilbert Weise das Projekt von der ersten Stunde an photographisch begleitet hat. Marie Pietzcker hat mit Ihrer Pressearbeit dafür gesorgt, dass unsere Anliegen auch gehört wurden. Professor Hans-Rudolf Meier und die Mitarbeiterinnen der Professur Denkmalpflege und Baugeschichte boten der Mensa frühzeitig einen Platz in ihrem Lehrangebot. Viele Studentinnen haben über Ihre Seminararbeiten einen wichtigen Beitrag geleistet und sind so zu Autoren dieses Buches geworden.

 Das Team der Mensa um Wirtschafterin Anke Köster hat sich gegenüber unseren spontanen Aktionen stets aufgeschlossen gezeigt und stand bei Fragen gerne Rede und Antwort. Mit einem unvoreingenommenen Blick hat uns das Fotografenduo „Schmott Photographers" die Architektur des Hauses auf einer bis dahin unbekannten Ebene näher gebracht. Ihre Photographien rahmen den Inhalt dieses Buches ein.

 Mit Michael Kraus konnte ein Verleger gefunden werden, der die überregionale Relevanz dieses Themas erkannte und gemeinsam mit dem Grafiker Tobias Dahl in diese gelungene Form gesetzt hat. Für diese, zum größten Teil ehrenamtliche Arbeit sei allen herzlich gedankt.

 Den inhaltlichen wie finanziellen Anstoß für dieses Buch gab die Ausstellung „1982-2012 – 30 Jahre Mensa am Park", die vom Kreativfonds der Bauhaus-Universität Weimar gefördert wurde.

 Die Deutsche Stiftung Denkmalschutz und der Freundeskreis der Bauhaus-Universität Weimar e.V. haben sich darüber hinaus mit großzügigen Spenden an diesem Buchprojekt beteiligt. Dafür bedanken wir uns herzlich.

Die Herausgeber

DEUTSCHE STIFTUNG DENKMALSCHUTZ

Wir bauen auf Kultur

Die 1985 gegründete Deutsche Stiftung Denkmalschutz hat zwei Ziele: bedrohte Kulturdenkmale zu bewahren und die Bürger für den Gedanken des Denkmalschutzes zu begeistern. Bisher konnte die Stiftung aus Spenden und Mitteln der GlücksSpirale mehr als 4.300 Denkmale bewahren helfen. Durch vielfältige Aktivitäten – Tag des offenen Denkmals, Jugendbauhütten, denkmal aktiv, Monumente – wirbt sie um Unterstützung für den Denkmalschutz.

Deutsche Stiftung Denkmalschutz, Schlegelstraße 1, 53113 Bonn.

Freundeskreis der Bauhaus-Universität Weimar e.V.
www.uni-weimar.de/freundeskreis

Bauhaus-Universität Weimar
Kreativfonds

Startnext ist die führende Crowdfunding-Plattform im deutschsprachigen Raum für kreative Projektideen. Künstler, Kreative und Erfinder können auf Startnext ihre Projektideen über die Online-Community finanzieren. Die gemeinnützige Crowdfunding-Plattform Startnext wurde 2010 gegründet. Bis heute wurden bereits über fünf Millionen Euro von der Community eingesammelt und rund 1000 Projekte erfolgreich finanziert.

Dass
   die Inhalte dieser Publikation zu Papier gebracht werden konnten, verdanken wir aber in erster Linie der breiten Unterstützung Vieler, die an das Projekt geglaubt haben und über die Crowdfundingplattform www.startnext.de den Druck dieses Buches maßgeblich finanziert haben. Unser herzlichster Dank dafür geht an:

Dipl.-Ing.
   Architekt Matthias Abendroth, Uwe Adler, Matthias Albrecht Amann, Aline Amore, Dr. Bärbel Angermann, Nadin Augustiniok, Ulrike Bahr, Ortrun Bargholz, Nicole Baron, Denis Bartelt, Katrin Beekmann, Clemens Beier, Peter Benz, Melina Blancken, Katja Bläsing, Johanna Blokker, Benedikt Boucsein, Timo Bullmann, Julia Buschbeck, Yang Cao, Riccarda Cappeller, Rocco Curti, Kristiane Dammann, Kristian-Georg Diederichs, Volker Doench, Dr. Folke Dietzsch, Katharina Druschke, Mathias Duck, Sascha Düring, AKKU e.V. Weimar, Nadine Eisenbrandt, Architekturbüro Elster+Henker, Utta Enderlein, Iris Engelmann, Ronny Erler, Dina Dönch, Julius Falk, Falko Firlus & Eva Großjohann, Anna Fischer, Katrin Fischer, Thomas Flierl, Astrid Friedewald, Eva Fritz, K. Fromm, Jimena Gálvez Paredes, Britta Gerisch, Esther Sibylla Gerstenberg, Marcus Gnad, Karl-Friedrich Gründer, Henriette Gugger, Valentin Hadelich, Matthias Hahndorf, Jörg Hänel, Sebastian Harnisch, Jens Hauspurg, Lena Heinkele, Ralf Herrmann, Christina Hirschberg, Till Hoffmann, Hildegard Holder, Martin Holder, Annemarie Jaentsch, Markus Jager, Händel Junghans Architekten, Toni Herzog, Frieder Käser, Andrea Kieck, Gunter Klix, Jan Koettgen, Michael Kohaus, Alexander Köhler, Christian Kohout, Eva Körber, Lutz Krause, Architekturbüro Dr. Lutz Krause, Benjamin Krüger, Dorothea Külbel, Jeanette Kunsmann, Frederike Lausch, Jörg Leeser, Hans-Ulrich Lichtenheld, Chriziane Löffler, Kassandra Löffler, Mandy Lorenz, Jana Lübeck, Konrad Lubej, Ulrike Ludewig, Christian Lukaschik, Fabio Magnago, Nikola Mayer, Carsten Meyer, Andreas Michael, Friederike Michel, Henning Michelsen, Wolfgang Milles, Constanze Moneke, Sebastian Moos, Julia Müller, Anke Müller, Julia Naumann, Jens Nehring, Helk Architekten und Ingenieure GmbH Nils Havermann, Elena Okuntsova, Wilhelm Opatz, Borgitta Orangi, Osterwold°Schmidt EXP!ANDER Architekten, Ewald Pagel, Barbara Pampe, Olaf Pfeifer, Monika Platzer, Prof. Dr. Dr. Joachim Stahr, Michael Protschky, Felix Reiss, Torsten Richter, Johanna Riegert, Mario Rinke, Sophie Röcker, Theres Rohde & Erich Bruns, Bert Rothkugel, Marco Rüdel, Astrid Rühle von Lilienstern, Thomas Rüster, Kim Salminen, Naomi T. Salmon, Charlotte Samtleben, Christian Schädlich, Johannes Schäfer, Florian Scharfe, Simon Scheithauer, Ingrid Scheurmann, Liesa Schiecke, Alexandra Schipp, Lukas Schlicht, David Schmidt, Daniel Schmidt, Valentin Schmitt, Franziska Schön, Jörg Schönborn, Anna Luise Schubert, Susanne Schultze, Prof. Heinz Schwarzbach, Angelika Schyma, STAHR Architekt, Dipl.-Ing. Sebastian Stahr, Richard Senkel, Johann Simons, Frank Spangenberg, Wolfram Stock, Landschaftsarchitekt Jena, Ulrike Straube, Stefan Stuchlik, Karsten Swinnes, Dr. Peter Taschowsky, Julia Teiwes, Ines Terstappen, Christian Tesch, Karen Thimel, Katharina Thörner, Monica Tusinean, Sven Enenkel, Kerstin Vogel, Thomas Volstorf, Fabian von Ferrari, Moritz Walter, Bernd Wandsleb, Johannes Warda, Madita Weinmann-Plorin, Dr. Ulrike Wendland, André Wendler, Erik van der Werf, Christine Wilkening-Aumann, Arne Winkelmann, Friederike Wollny, Timo Wörtmann, Phil-Gordan Zameit, Kathrin Zapfe, Wolfgang Zeh, Tobias Ziegler

Impressum

Mensa am Park
   Vom Gebrauchen und Verbrauchen
   jüngster Architektur

Herausgegeben von Florian Kirfel und Moritz Fritz
   Mit Beiträgen von Kirsten Angermann,
   Anita Bach, Frauke Bimberg, Dina Dorothea Dönch,
   Moritz Fritz, Peter Groß, Anika Gründer,
   Florian Kirfel, Martin Pietraß, Hubert Schiefelbein,
   Arne Winkelmann
Mit Bildern von Schmott Photographers,
Gilbert Weise, Martin Schmidt, Peter Groß

———

Kirfel, Florian & Fritz, Moritz (Hg.)
Mensa am Park. Vom Gebrauchen und Verbrauchen jüngster Architektur
M BOOKS, Weimar 2013

   ISBN 978-3-944425-01-6

   Bibliographische Informationen der Deutschen
   Nationalbibliothek — Die Deutsche Nationalbibliothek
   verzeichnet diese Publikation in der Deutschen
   Nationalbibliographie; detaillierte bibliografische Daten
   sind im Internet über http://dnb.d-nb.de abrufbar

———

Umschlaggestaltung & Layout:
Tobias Dahl, Weimar, www.tobiasdahl.de
Lektorat: Alexandra Bauer, Weimar
Zeichnungen und Bildredaktion: Frauke Bimberg,
Friederike Wollny, Melina Blancken, Weimar
Druck: Gutenberg Druckerei, Weimar
Bindung: Integralis, Hannover
Papier: RecyStar Nature 115 g/m, LuxoSatin 170 g/m
Schriften: FF Super Grotesk, Magna EF

   www.m-books.eu

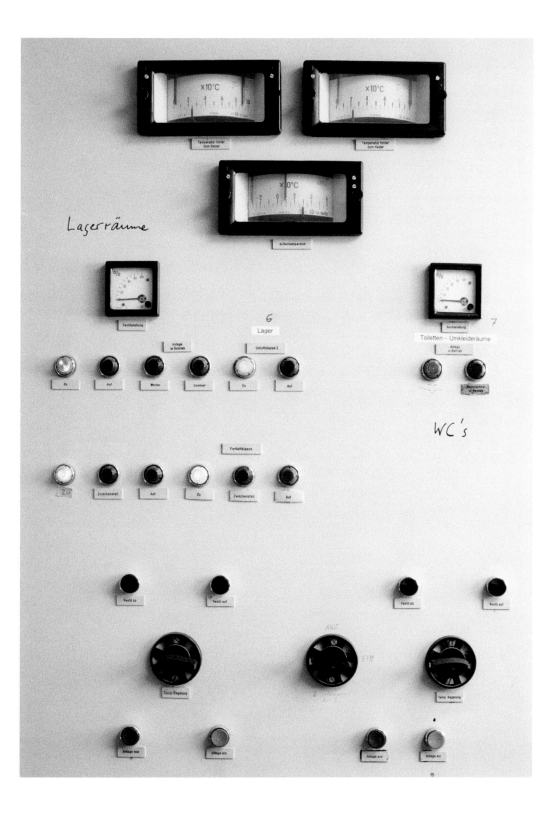

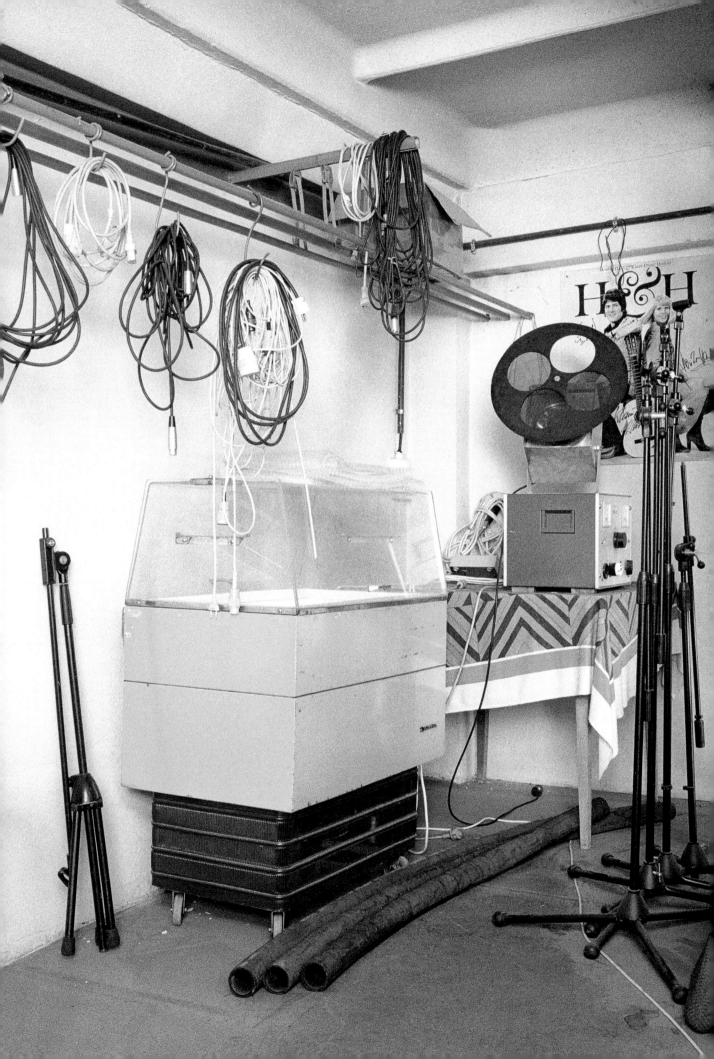

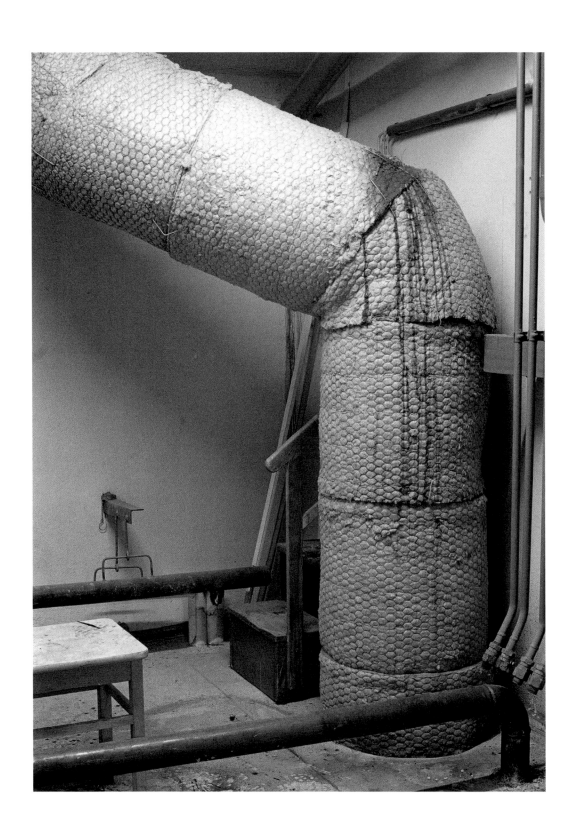